Walther Ziegler

Wittgenstein
en 60 minutes

traduit par
Ilse Arnauld des Lions

Merci à Rudolf Aichner pour son infatigable travail de rédaction critique, à Silke Ruthenberg pour la finesse de son graphisme, à Angela Schumitz, Lydia Pointvogl, Eva Amberger, Christiane Hüttner, Dr. Martin Engler pour leur relecture attentive, et à Nathalie Maupetit, qui a effectué une dernière relecture linguistique et scientifique du texte français. Je remercie aussi monsieur le Professeur Guntram Knapp à qui je dois ma passion pour la philosophie.

Je tiens à remercier tout particulièrement ma traductrice

Ilse Arnauld des Lions

Tout ce qui proprement peut être dit peut être dit clairement, et sur ce dont on ne peut parler, il faut garder le silence.[1]

Informations bibliographiques de la Bibliothèque nationale de France :
Cette publication est référencée dans la bibliographie nationale de la Bibliothèque nationale de France.
Les informations bibliographiques détaillées sont disponibles sur internet : www.bnf.fr
© 2023 Dr. Walther Ziegler

Première édition janvier 2019
Conception graphique du contenu et de la couverture: Silke Ruthenberg avec des illustrations de:
Raphael Bräsecke, Creactive - Atelier de publicité, bande dessinée & d'illustrations (dessins)
© JackF - Fotolia.com (cadres)
© Valerie Potapova - Fotolia.com (cadres)
© Svetlana Gryankina - Fotolia.com (bulles entourant les citations)
Édition : BoD – Books on Demand, info@bod.fr
Impression : BoD – Books on Demand, In de Tarpen 42, Norderstedt (Allemagne)
Impression à la demande

ISBN : 978-2-3224-8279-5
Dépôt légal : Juillet 2023

Table des matières

La grande découverte de Wittgenstein	**7**
L'idée centrale de Wittgenstein	**21**
Qu'est-ce que le monde ? Le monde est uniquement constitué de faits que nous représentons sous forme de phrases	21
Les phrases sur les faits doivent être pourvues de sens !	28
Sur ce dont on ne peut parler, il faut garder le silence !	34
Wittgenstein, Popper et le tisonnier	40
Le monde comme jeu de langage	50
Tu es ce que tu parles : mots, phrases, formes de vie	65
À quoi nous sert la découverte de Wittgenstein aujourd'hui ?	**74**
Le courage de changer : changer de jeux de langage et de formes de vie !	74
Le lien brillant que Wittgenstein tisse entre le langage et la forme de vie – Reconnaître l'action réciproque	82

« Un Reich, un peuple, un Führer ! » – Jeux de langage politiques pour la manipulation des formes de vie	90
L'héritage de Wittgenstein : comment les coachs en rhétorique modifient la réalité par le langage et la grammaire	98
Reconnaître le monde comme un jeu de langage et le critiquer : l'épine profonde de Ludwig Wittgenstein	102
Index des citations	**110**

La grande découverte de Wittgenstein

Ludwig Wittgenstein (1889 – 1951) est considéré comme le pionnier de la philosophie du langage et fait ainsi partie de ceux qui ont le plus radicalement transformé la pensée du XXe siècle. Avec le « Linguistic Turn » (tournant linguistique), il engagea un changement d'époque : l'abandon de la philosophie classique pour la philosophie du langage.

Alors qu'avant Wittgenstein, la question du sens de la vie trouvait une réponse spéculative ou matérialiste, par exemple comme « accomplissement de l'Esprit du monde », comme « moteur de l'Histoire humaine dans les luttes de classes » ou comme « volonté de puissance », Wittgenstein se consacre pour la première fois au langage en tant que phénomène le plus important de notre vie. Le langage est fondamental pour notre compréhension du monde, telle est son idée maîtresse.

Sa découverte du langage comme point de référence de toute connaissance a remis en question toute la philosophie. Car, d'après Wittgenstein, il est et reste un fait que, indépendamment de ce que les différents philosophes de l'Antiquité jusqu'à nos jours reconnurent comme noyau de la vérité, ils ne purent jamais obtenir leurs connaissances respectives sur le monde que dans les limites du langage. Selon Wittgenstein, ni un philosophe, ni aucune autre personne, n'est en mesure de former ne serait-ce qu'une seule pensée sensée au-delà des mots et des phrases :

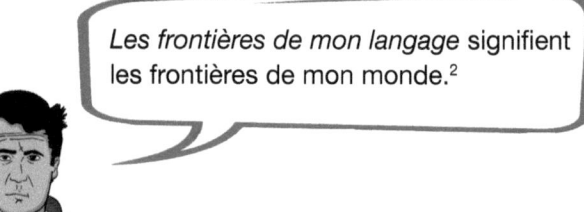

> Les frontières de mon langage signifient les frontières de mon monde.[2]

Il est finalement impossible, selon Wittgenstein, d'échapper à la « cage du langage », de formuler ne fût-ce qu'une seule pensée sans mots ni phrases, quels que soient nos efforts :

> C'est parfaitement, absolument, sans espoir de donner ainsi du front contre les murs de notre cage.[3]

Même la phrase populaire allemande « Les pensées sont libres » est une illusion, puisque nos pensées ne peuvent toujours être exprimées que par le langage. Rien n'existe au-delà du langage :

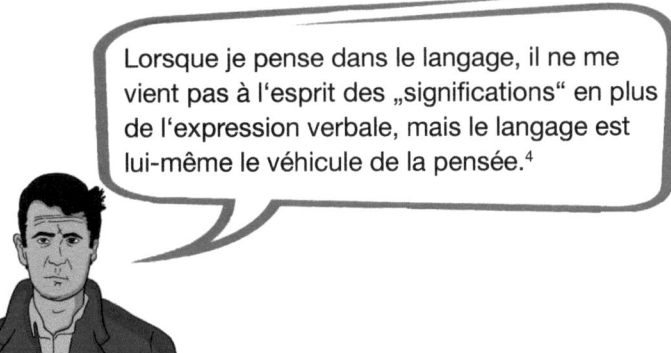

Lorsque je pense dans le langage, il ne me vient pas à l'esprit des „significations" en plus de l'expression verbale, mais le langage est lui-même le véhicule de la pensée.⁴

Le langage est donc le « véhicule » ou encore le « moyen de transport » de notre pensée. Et cela veut dire que vraiment tout ce qui se passe dans notre tête – chaque pensée, chaque découverte et chaque idée – se réalise en mots et en phrases. Nous apprenons le langage dans notre plus petite enfance et, à partir de ce moment, c'est lui qui détermine toute notre perception du monde, tout ce que nous savons du monde. C'est pourquoi, d'après Wittgenstein, la tâche première de la philosophie, et la plus importante, est d'analyser et de comprendre enfin le langage lui-même en tant qu'outil fondamental de la connaissance. Nous devons découvrir ce que l'humanité est apte à comprendre logiquement avec le langage et ce qu'elle ne peut comprendre. Car c'est la seule manière de distinguer les énoncés faux et dépourvus de sens sur le monde de ceux qui sont pourvus de sens.

Toute philosophie est « critique du langage ».[5]

Des milliers d'années durant, les philosophes n'auraient érigé que des constructions de pensée équivoques et paradoxales sans avoir auparavant clarifié correctement leurs propres conditions préalables logiques :

La plupart des propositions et questions des philosophes découlent de notre incompréhension de la logique de la langue.[6]

La grande découverte de Wittgenstein

Ce n'est qu'en analysant enfin la logique de la langue et en comprenant ce qui peut être dit d'une façon pourvue de sens, et ce qui ne peut pas l'être, que les nombreux problèmes philosophiques acquièrent alors l'importance qui leur est due, ou se dissipent :

Tout un nuage de philosophie condensé dans un fragment infime de grammaire.[7]

Avec son exigence d'explorer enfin le langage, Wittgenstein inspira réellement de nouveaux courants philosophiques dans le monde entier : la « philosophie du langage ordinaire » (*Ordinary Language Philosophy*) en Angleterre, l' « acte de langage » (*Sprechakttheorie*) et la « théorie de l'agir communicationnel » (*Theorie des kommunikativen Handelns*) en Allemagne, la « *sémiotique structurale* » en France, le néopositivisme du Cercle de Vienne en Autriche et la « *relativité linguistique* » en Amérique.

Mais dans notre vie de tous les jours aussi, la découverte par Wittgenstein de la grande importance du langage ne resta pas sans conséquences. Alors que des centaines d'années durant, le langage n'avait été considéré que comme un simple outil immédiat de communication, il est de nos jours utilisé de façon ciblée pour influencer des discours privés et publics de même que pour manipuler des formes de vie entières. Une armée de professeurs de rhétorique, de stratèges en marketing et de conseillers politiques essaie jour après jour d'influencer notre réalité en utilisant sciemment certains mots et certaines phrases. Qu'il s'agisse de campagnes publicitaires ou de propagande, de thérapie verbale, d'automotivation ou encore de prières communes – depuis Wittgenstein, le langage est pour la première fois reconnu comme ce qu'il est réellement, un champ de force qui reflète et influence toute notre réalité quotidienne :

[…] parler un langage fait partie d'une activité, ou d'une forme de vie.[8]

Wittgenstein lui-même ne voulait jamais qu'analyser le langage, en aucun cas l'instrumentaliser. Il mettait même en garde contre ce risque. Et pourtant, avec sa découverte du rapport entre langage et forme de vie, il ouvrit la boîte de Pandore. Une fois que l'importance du langage pour notre vie fut reconnue, l'on essaya plus que jamais de l'utiliser de façon ciblée à des fins de manipulation.

On parle aujourd'hui de Wittgenstein au même titre que Kant, Heidegger ou Sartre, bien qu'il ait tout d'abord sévèrement critiqué la philosophie et alors qu'il voulait devenir ingénieur. On pourrait même dire qu'il est devenu philosophe malgré lui. Huitième fils du magnat de l'acier autrichien Karl Wittgenstein, il ne s'intéressa tout d'abord qu'à la technique et aux mathématiques. Comme l'avait fait son père, il fit des études d'ingénieur.

Alors qu'il était plongé dans des calculs pour un nouveau moteur d'avion, la philosophie s'empara de lui, contre toute attente et avec une telle vigueur que sa sœur s'inquiéta pour sa santé : « En ce temps-là, [...] il fut soudainement accaparé [...] par la réflexion sur les problèmes philosophiques, si fortement et totalement contre sa volonté, qu'il souffrait lourdement de cette double vocation intérieure contradictoire [...]. Pendant ces journées, Ludwig se trouvait dans un état d'excitation indescriptible, presque maladif [...]. »[9]

Le jeune Wittgenstein ne pouvait plus faire autrement que de se poser les grandes questions philosophiques : qu'est-ce que le monde, comment puis-je le connaître et faire des déclarations vraies à son propos ? Dès lors, il se consacra entièrement à l'étude des logiciens, Frege, Russel et Moore. Et avant même d'avoir terminé ses études de philosophie, il donna sa réponse au monde dans son *Tractatus logico-philosophicus*. Ce petit écrit comprenait à peine quatre-vingts pages, ce qui est plus qu'inhabituel pour une œuvre philosophique. Et pourtant, il rendit Wittgenstein célèbre déjà de son vivant.

Le succès intemporel du *Tractatus logico-philosophicus* vient de sa structure d'une précision incisive. Wittgenstein, tel un chirurgien avec son scalpel, répondit à la question « Qu'est-ce que le monde ? » en sept thèses constituant une séquence logique. Il numérota ces thèses à la manière des vers de la bible et les dota d'alinéas, de telle sorte que les sept thèses strictement scientifiques du *Tractatus* revêtirent un caractère assez dogmatique et messianique de par leur aspect général.

Partant de son idée centrale selon laquelle toute connaissance du monde ne peut jamais être formulée que par des mots et des propositions, Wittgenstein explique, point par point, la façon dont il est possible d'énoncer des propositions absolument correctes et incontestables sur le monde. À l'avenir, selon sa conclusion, un scientifique se doit de ne formuler que des phrases logiquement pourvues de sens et vérifiables dans la réalité ; il lui faut reconnaître que toutes les autres phrases sont des « non-sens » et les garder pour lui. C'est ce qu'exprime la septième thèse, la dernière, souvent citée du *Tractatus* :

> Sur ce dont on ne peut parler, il faut garder le silence.¹⁰

Cette phrase de conclusion était d'autant plus provocatrice qu'elle n'autorisait finalement plus que des énoncés scientifiques et rendait la philosophie caduque :

> La méthode correcte en philosophie consisterait proprement en ceci : ne rien dire que ce qui se laisse dire, à savoir les propositions de la science de la nature […].¹¹

Ainsi, selon Wittgenstein, la philosophie doit même se taire en ce qui concerne ses champs d'application classiques que sont la justice et l'éthique. Car il n'est jamais possible de vérifier par l'expérimentation des propositions morales comme « Tu ne dois pas voler ! » ou l'impératif catégorique « Tu dois agir de sorte que ton principe d'action puisse être érigé en droit commun ! », puisqu'elles sont axées sur l'avenir et échappent de prime abord à toute vérification :

C'est pourquoi il ne peut y avoir de propositions éthiques.[12]

Lorsque, dans le *Tractatus*, le jeune Wittgenstein proclame ainsi que toutes les questions et théories auxquelles il est impossible de trouver des réponses et que l'on ne peut pas prouver scientifiquement sont « dépourvues de sens », il croit s'être libéré lui-même et avoir libéré le monde une fois pour toutes des pénibles problèmes de la philosophie :

Mon opinion est donc que j'ai, pour l'essentiel, résolu les problèmes d'une manière décisive.[13]

Mais il n'en reste pas là. Wittgenstein remet lui-même plus tard sa propre position en question. Après avoir travaillé pendant cinq ans comme enseignant du primaire dans une province autrichienne, il fit une seconde découverte encore plus considérable. Le langage, comme il l'observe désormais chez ses élèves, ne sert nullement, dans la pratique quotidienne, à décrire seulement des faits, et encore moins à opérer une différenciation scientifique entre énoncés vrais et faux. Dans la pratique quotidienne, le langage est utilisé bien plus largement, à savoir pour annoncer ses propres intentions, ou encore pour souhaiter, promettre, ordonner, menacer, insulter, louer, conjurer, réclamer ; bref, pour provoquer des actions chez les autres comme en soi. Ces observations mènent Wittgenstein à sa célèbre théorie des « jeux de langage » publiée après sa mort sous le titre de *Recherches philosophiques* :

Considère le jeu de langage comme le primaire ![14]

Dans les *Recherches philosophiques*, il décrit par exemple également la dissimulation, les mensonges, la mimique, les signes, les explosions émotionnelles et de nombreux autres phénomènes d'expression linguistique. Sa théorie du jeu de langage qui en découle ouvre à nouveau, comparée au *Tractatus*, une dimension toute nouvelle. Raison pour laquelle on parle du jeune Wittgenstein et du Wittgenstein tardif. Dans son œuvre tardive, il reconnaît en effet que ce sont les « jeux de langage » concrets, c'est-à-dire les nombreuses conversations quotidiennes entre enfants, ouvriers du bâtiment, théologiens, scientifiques ou joueurs de football, qui donnent leur sens aux mots. Ce faisant, ces jeux suivent leurs propres règles et conventions. Si les analyses philosophiques des « jeux de langage » sont importantes, c'est justement parce qu'elles mettent en lumière l'atmosphère et les formes de vie sous-jacentes des locuteurs. Celles-ci déterminent, selon Wittgenstein, notre manière de vivre et notre réalité quotidienne souvent plus que toute description scientifiquement correcte du monde :

Mets quelqu'un dans une atmosphère qui ne lui convient pas, et rien ne fonctionnera plus comme il faut. [...] Remets-le dans son élément, et tout redeviendra florissant, tout aura l'air sain.[15]

« Les mots peuvent faire des miracles », dit-on dans le langage courant. À l'inverse, un entretien peut aussi être « empoisonné » dès le début. Wittgenstein voulait toutefois en premier lieu analyser les jeux de langage, les décrire et les comprendre et non pas les modifier, ni même intervenir activement dans ceux-ci. Cependant, rien qu'avec la découverte du lien entre le jeu de langage et la réalité de la vie, il a ouvert la voie à une nouvelle compréhension de la réalité.

Bien que Wittgenstein - dans sa seconde grande œuvre, les *Recherches philosophiques*, reste fidèle à sa thèse du *Tractatus* selon laquelle nous ne connaissons le monde que dans les limites de notre langage, il analyse cette fois-ci l'importance du langage dans notre vie de tous les jours et non plus la formulation logiquement correcte de propositions scientifiques. Car les mots et les phrases sont bien plus qu'un simple moyen de description ou de compréhension. Selon leur utilisation respective, de nouvelles significations apparaissent qui sont en interaction avec notre forme de vie. Chaque être humain, scientifique, prêtre ou sportif, se situe, d'après Wittgenstein, dans un grand nombre de jeux de langage qui marquent très profondément sa pensée, sa perception du monde et sa façon de vivre.

Or, si le langage détermine notre vie et constitue les « limites de notre pensée », qu'en est-il de la liberté ? Les jeux de langage déterminent-ils vraiment notre quotidien et toute notre réalité de vie ? Et si c'est le cas – à quoi sert la découverte de Wittgenstein ? Est-il possible peut-être de modifier la réalité grâce à un emploi minutieux du langage ? Le langage est-il aussi utilisé à des fins de manipulation ?

Le regard que Wittgenstein portait sur le monde était d'une clarté et d'une sévérité si ardentes qu'il n'a à ce jour rien perdu de sa fascination.

L'idée centrale de Wittgenstein

Qu'est-ce que le monde ?
Le monde est uniquement constitué
de faits que nous représentons sous
forme de phrases

Rien que la première phrase de *Tractatus* déjà, donc la thèse numéro un, est d'une simplicité remarquable :

Le monde est tout ce qui a lieu.[16]

Impossible de faire plus simple. Le monde est tout d'abord tout ce dont on peut dire : « Oui – c'est un fait ». Ainsi, il est un fait, par exemple, que la Terre est ronde, qu'elle tourne autour de son axe et exerce sur nous une force de gravité. Il est encore un fait que nous sommes entourés d'une atmosphère qui nous permet de respirer. Si tout ceci n'était pas le cas, nous serions en détresse respiratoire et nous nous envolerions.

Jusque-là, la réponse de Wittgenstein à la question classique « Qu'est-ce que le monde ? » semble banale, quasiment intuitive : c'est tout simplement tout ce qui est un fait. Mais dès la prochaine phrase, il prend un tournant révolutionnaire. À savoir que le monde n'est en fait pas la somme de toutes les « choses » dont nous pensons qu'elles sont des faits, mais qu'il est d'après Wittgenstein, uniquement « la totalité des faits » :

Le monde est la totalité des faits, non des choses.[17]

Épistémologiquement, donc, le monde n'est en aucun cas constitué de toutes les « choses » que nous avons collectées dans notre imagination depuis l'enfance et que nous croyons être des faits (feux de circulation, voitures, routes, anges gardiens, montagnes, forêts, océans et sirènes), mais il est composé à proprement parler de la totalité des « faits » réels que nous connaissons sur le monde et dont nous pouvons parler. Les anges gardiens et les sirènes, par exemple, n'en font déjà plus partie. Mais comment saisir les faits réels ? Comment naissent-ils dans notre tête ? La réponse de Wittgenstein est encore très simple dans un premier temps :

Nous nous faisons des images des faits. [18]

Les biographes relatent volontiers à ce propos l'expérience qu'eut Wittgenstein dans une salle de tribunal, tandis qu'un jour, il assistait personnellement et avec beaucoup d'intérêt à un procès. Le juge avait fait reconstituer le déroulement d'un accident, objet du litige, en utilisant des poupées et des voitures miniatures. Cela lui permettait de vérifier les représentations contradictoires et de se faire une idée précise de ce qui s'était vraiment déroulé. Wittgenstein fut très impressionné et c'est probablement ce qui inspira sa théorie de l'image. Car dans le quotidien d'après lui, les gens, tout comme le juge, se font constamment des idées de la réalité complexe sous forme d'images, afin de mieux la comprendre et la gérer :

Lorsque, par exemple, je traverse la rue en toute confiance, alors que le feu est vert, c'est que je me suis déjà fait une idée ou ai un modèle en tête du fonctionnement complexe du feu de signalisation et de tout le système de circulation. J'ai en tête le modèle qui me montre qu'un feu vert pour moi indique simultanément un signal rouge aux autres usagers de la route pour les faire attendre, ce qui permet une circulation fluide par intervalles. Naturellement, d'après Wittgenstein, on peut également se tromper, si bien que l'image ou le modèle que l'on se fait de la réalité ne lui correspond en rien. Car :

L'image s'accorde ou non avec la réalité ; elle est correcte ou incorrecte, vraie ou fausse. [...] Il n'y a pas d'image vraie a priori.[21]

Les faits sont cependant les seules images « vraies » et « correctes » de la réalité. Mais qu'est-ce qui différencie les faits des illusions ? Un ange gardien n'est-il pas, lui aussi, une image que nous avons dans notre tête ? Ici, Wittgenstein donne une réponse pleine de conséquences :

Pour reconnaître si l'image est vraie ou fausse, nous devons la comparer avec la réalité.[22]

Cette seule phrase marque le coup d'envoi de toute la science empirique moderne selon laquelle chaque image, chaque hypothèse et chaque modèle de la réalité doit être comparé à la réalité et prouvé par des expérimentations répétées. Cette comparaison est importante, car sans elle, nous pouvons, toute une vie durant, nous peindre des images du monde qui ne sont pas toutes correctes. Ensuite, Wittgenstein dit que même les phrases et les mots ne sont finalement rien d'autre que des images composées du monde :

Dans la proposition, un monde est composé en vue d'une épreuve.[23]

Wittgenstein se réfère ici à l'écriture hiéroglyphique égyptienne :

Pour comprendre l'essence de la proposition, pensons aux hiéroglyphes qui représentent les faits qu'ils décrivent.[24]

L'idée centrale de Wittgenstein

L'écriture chinoise, elle aussi, représente aujourd'hui encore des faits de façon directement imagée dans certains caractères. Ainsi, si l'on dessine un « toit » et que l'on y ajoute le signe « femme », cette combinaison donne la « paix ». Deux femmes sans toit signifient « joli », trois femmes sans toit signifient au contraire « dispute ». Depuis donc la nuit des temps, les êtres humains se font des images de la réalité à l'aide de mots et de propositions :

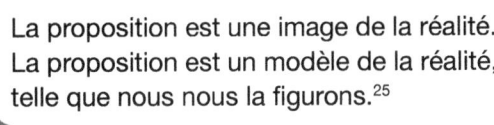

La proposition est une image de la réalité. La proposition est un modèle de la réalité, telle que nous nous la figurons.[25]

Mais il ne peut s'agir de faits dans des phrases que lorsque les images formulées correspondent à la réalité. La phrase « Il y a des anges gardiens et des sirènes » ne serait par exemple pas un fait puisqu'elle se révélerait fausse une fois comparée à la réalité.

En outre, les déclarations vérifiables doivent également être logiquement pourvues de sens. Si, par exemple, je dis « soit il pleut maintenant dehors, soit il ne pleut pas maintenant », je peux ensuite le vérifier de façon empirique en sortant une main par la fenêtre et en constatant s'il pleut ou non à cet instant. Cette phrase demeure cependant inutilisable du point de vue scientifique, puisqu'elle est juste dans tous les cas et donc aléatoire et insignifiante.

Raison pour laquelle Wittgenstein pose à présent une seconde grande exigence épistémologique dans le *Tractatus* : toutes les phrases de la science sur le monde et donc sur des « faits » doivent avoir une structure logique et ne doivent en aucun cas être « dépourvues de sens ».

Les phrases sur les faits doivent être pourvues de sens !

Wittgenstein fait alors quelque chose de fascinant. Dans la suite du Tractatus, il crée des scénarios dans lesquels il analyse toutes les phrases possibles logiquement imaginables quant à leur pertinence scientifique. D'après lui, il n'existe que seize dénommées « opérations de vérité », donc un nombre très limité de phrases possibles dans lesquelles des faits peuvent être exprimés. Par exemple, les phrases avec « et », les phrases avec « si, alors », les phrases avec « ou », les phrases négatives, les phrases avec « ni, ni », etc. Il est par exemple possible de dire : « Un arbre n'est pas en métal » ou bien : « Si l'objet est en pur métal, alors il n'est pas un arbre », etc. Wittgenstein analyse ensuite la validité de ces propositions dans le but de trouver la « forme logique générale de la fonction de vérité » à laquelle toutes ces phrases se rapportent. Il en conclut ce qui suit :

La forme générale de la proposition est : ce qui a lieu est ainsi et ainsi.[26]

Wittgenstein affirme ainsi qu'en fait, indépendamment de savoir quelle construction de phrase ou fonction de vérité parmi les seize nous utilisons à ce moment-là, chaque proposition ne sert finalement jamais qu'à décrire un objet ou un déroulement. Mais les phrases dans lesquelles l'on décrit quelque chose « de telle ou telle manière » ne sont, à leur tour, pas toutes utilisables :

La proposition ne dit quelque chose que dans la mesure où elle est image.[27]

Wittgenstein analyse à présent quels types de propositions conviennent à décrire des faits ou non. Il arrive à la conclusion qu'il existe fondamentalement trois différents types de propositions : *les phrases pourvues de sens, vides de sens et dépourvues de sens.* Bien entendu, seule la proposition pourvue de sens peut être utilisée par la science, car elle représente un fait de telle manière qu'il est possible aussi de le vérifier :

On peut directement dire [...] : cette proposition figure telle ou telle situation.[28]

Les phrases vides de sens sont par contre toutes les phrases tautologiques ou contradictoires. Le terme « tautologique » vient du mot composé grec « tauto logia », qui signifie littéralement « logique du même » ou bien, traduit librement « répéter ce qui est déjà dit ». Une proposition tautologique est par exemple : « les moisissures blanches sont blanches » ou « lorsque la voie est mouillée, la voie est mouillée. »

Sont également *vides de sens* du point de vue scientifique, d'après Wittgenstein, les propositions contradictoires, du mot latin « contradictio ». Les propositions contradictoires sont inutilisables puisque, dans une seule phrase, elles présentent deux énoncés contradictoires ou encore incompatibles du point de vue de la logique. Par exemple : « Le maître dessine un triangle rectangulaire », « Le gagnant de la course est arrivé second » ou bien « Je vois un point vert qui est rouge » :

> Énoncer qu'un point du champ visuel a dans le même temps deux couleurs différentes est une contradiction.[29]

Conclusion : la construction de phrase tautologique décrit quelque chose d'identique à ce qui doit être décrit et est donc toujours vraie, la construction de phrase contradictoire décrit quelque chose qui ne peut pas être et est donc toujours fausse :

> Aucune des deux ne peut donc déterminer en quelque manière la réalité.[30]

Les phrases tautologiques et contradictoires sont donc *vides de sens*. Il est intéressant de noter que Wittgenstein identifie en outre un troisième groupe de phrases également inaptes à la science, les phrases dites *dépourvues de sens*. Il qualifie de dépourvue de sens une phrase n'étant ni tautologique, ni contradictoire, mais qui ne confère à une affirmation aucun sens ni aucune signification :

> [...] si elle n'a pas de sens, ce ne peut être que parce que l'on n'a pas donné de signification à certains de ses éléments.[31]

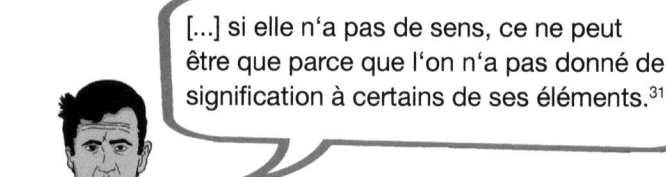

Dépourvue de sens, à la différence de vide de sens, serait par exemple d'après Wittgenstein l'affirmation que « L'origine de toute vie sur Terre est Dieu », parce qu'elle ne donne aucune origine ou signification vraiment concrète à la « vie sur Terre ». La signification « Dieu » allouée à tout ce qui est vivant n'en est pas une. Il est impossible de la vérifier parce que, d'après Wittgenstein, elle « se trouve en dehors du monde ». Or, la science ne peut attribuer à un objet que des significations qui font partie du monde et peuvent être clairement exprimées et vérifiées :

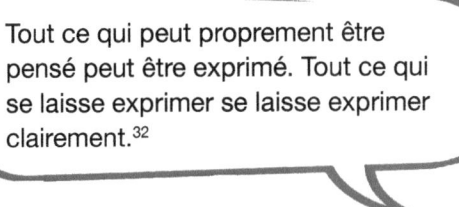

Tout ce qui peut proprement être pensé peut être exprimé. Tout ce qui se laisse exprimer se laisse exprimer clairement.[32]

Conclusion : le monde est tout ce qui a lieu. Or, ce qui a lieu, ce ne sont pas toutes les images que nous nous faisons du monde, mais seulement les faits. Les faits qui ont lieu ne peuvent être formulés qu'en phrases par le scientifique qui, ce faisant, doit utiliser uniquement des phrases à la fois vérifiables et pourvues de sens. La conséquence radicale qui en résulte avec une logique implacable est donc la célèbre septième thèse du *Tractatus*. Wittgenstein la place sans commentaire à la fin de son livre :

Sur ce dont on ne peut parler, il faut garder le silence.³³

Sur ce dont on ne peut parler, il faut garder le silence !

Cette phrase était et reste aujourd'hui encore provocante, car elle limite de façon radicale la connaissance du monde à la méthode scientifique, condamnant ainsi toute la philosophie au silence :

La méthode correcte en philosophie consisterait proprement en ceci : ne rien dire que ce qui se laisse dire, à savoir les propositions de la science et de la nature – quelque chose qui, par conséquent, n'a rien à faire avec la philosophie [...].³⁴

C'est justement la philosophie qui, d'après Wittgenstein, fait depuis des siècles la grande erreur de décrire le monde par un grand nombre de phrases et de mots abstraits qui, bien qu'ils ne soient ni tautologiques ni contradictoires n'ont aucune signification vérifiable et concrète dans le monde intérieur. Or, d'après Wittgenstein, toutes les phrases dépourvues d'une signification intérieure au monde font précisément partie des phrases *vides de sens* :

La plupart des propositions et des questions qui ont été écrites touchant les matières philosophiques ne sont pas fausses, mais sont dépourvues de sens.[35]

Sont également vides de sens, d'après Wittgenstein, toutes les phrases de la philosophie sur l'éthique et le comportement exemplaire, puisqu'elles se rapportent à quelque chose appartenant à un monde extérieur et ne sont pas vérifiables. L'idée du Bien de Platon, par exemple, sur laquelle nous devrions orienter nos actions, serait-elle aussi *vide de sens*, puisque le « Bien » de Platon n'est pas concrètement attesté à l'intérieur du monde. Platon soutient en effet que le « Bien » est divin et qu'il est apparenté à l'idée du Beau, du Vrai et du Juste, sans toutefois pouvoir attribuer au Bien une signification concrète dans le monde intérieur. Or, c'est justement ce que les phrases scientifiques doivent faire, d'après Wittgenstein :

> En éthique, l'on essaie toujours de dire une chose qui ne concerne pas l'essence de ce qui nous préoccupe et ne doit jamais la concerner. Il est certain a priori :

> Quelle que soit la définition que l'on donne au bien – ce n'est toujours qu'un malentendu […].[36]

> C'est pourquoi il ne peut y avoir de propositions éthiques. Les propositions ne peuvent rien exprimer de Supérieur.

L'idée centrale de Wittgenstein

Il est clair que l'éthique ne se laisse pas énoncer.[37]

Également, la tentative de Platon de proclamer que le sens de la vie est une épreuve et une évolution de l'âme, ainsi que toute sa théorie de « l'immortalité de l'âme », est selon Wittgenstein vide de sens :

L'immortalité de l'âme humaine, c'est-à-dire sa survie éternelle après la mort [...] n'est en aucune manière assurée [...].[38]

Mais la critique de Wittgenstein va encore plus loin. Car même en admettant que l'âme soit vraiment immortelle, cela ne répondrait en rien à la question du sens d'après Wittgenstein puisque, du point de vue purement logique, notre problème qui est de ne pas savoir pourquoi nous sommes ici ne serait nullement résolu, mais simplement déplacé sur un autre niveau :

37

> Cette vie éternelle n'est-elle pas aussi énigmatique que la vie présente ?[39]

Un logicien se poserait par exemple la même question lancinante, qu'il soit sur Terre ou immortel au paradis. Pourquoi tout ceci existe-t-il plutôt que rien ? Mais cette phrase, d'après Wittgenstein, ne peut trouver de réponse qu'en adoptant la perspective de Dieu, à savoir une perspective extérieure au monde, ce qui est à son tour vide de sens puisque personne ne peut adopter une telle perspective. L'être humain reste dépendant des faits dans le monde. Et Dieu ne nous livre aucun fait de ce type :

> Dieu ne se révèle pas dans le monde.[40]

De manière générale, il faut garder le silence sur tout ce qui ne peut être exprimé de façon sensée et ne peut être prouvé dans le monde :

L'idée centrale de Wittgenstein

Dans la mesure où l'éthique naît du désir de dire quelque chose de la signification ultime de la vie, du bien absolu, de ce qui a une valeur absolue, l'éthique ne peut pas être science. Ce qu'elle dit n'ajoute rien à notre savoir, en aucun sens.[41]

Et plus nettement encore :

J'estime qu'il est certainement important que l'on mette fin à tout ce bavardage sur l'éthique [...], s'il existe des valeurs, s'il est possible de définir le bien etc.[42]

Les différentes théories de philosophie métaphysique, Wittgenstein en est absolument sûr, ne sont finalement que des malentendus langagiers que l'on peut désormais éviter en employant un langage d'une logique exacte. Et c'est cet emploi qu'il définit une fois pour toutes dans le *Tractatus*. Ainsi, le jeune Wittgenstein commente déjà dans la préface à ses sept thèses avec grande assurance :

[...] la vérité des pensées ici communiquées me semble intangible et définitive.[43]

Wittgenstein, Popper et le tisonnier

De fait, selon Wittgenstein, il n'est pas possible de parler d'éthique et il faut donc garder le silence. Ce constat était pour lui « intangible ». L'intransigeance avec laquelle il défendait cet avis ressort nettement de son légendaire entretien au coin du feu avec le philosophe Karl Popper. Cet entretien se termina par un éclat plutôt inhabituel pour des scientifiques.

Popper était venu de Nouvelle-Zélande et devait présenter un exposé – sur invitation du *Cambridge University Moral Science Club* – sur un « puzzle philosophique ». Wittgenstein avait sciemment prescrit ce thème puisqu'il considérait la philosophie classique comme un assemblage d'aberrations et de contradictions langagières. De plus, le mot « puzzle » désigne dans son usage en anglais une « énigme » ou encore une « devinette », quelque chose que l'on ne prend pas au sérieux.

Mais Popper ne s'y tint pas. Il aborda de lui-même la question « Existe-t-il des problèmes philosophiques ? » et commença à en dénombrer toute une série. Ceci mit Wittgenstein en rage, lui qui tenait, on le savait, les problèmes philosophiques pour des pseudo-problèmes. Il se mit alors à remuer nerveusement le feu avec le tisonnier pendant l'exposé de Popper. Finalement, il interrompit le conférencier et expliqua avec beaucoup d'ardeur à ses adeptes et aux savants réunis que les problèmes philosophiques dont parlait Popper n'étaient qu'une confusion due à un mauvais emploi du langage, à des erreurs logiques et à des obsessions conceptuelles. Pour souligner ses dires, il se servit du tisonnier comme d'une sorte de bâton de chef d'orchestre. Ces interruptions énervèrent Popper qui répondit que « s'il n'existait pas de vrai problème philosophique, [...] il ne voulait pas être philosophe [...]. »[44] Selon lui, personne ne peut par exemple nier sérieusement l'existence de problèmes moraux. La justification ou la critique de la validité des règles morales représentent donc un grand défi et une mission philosophiques. Pour Wittgenstein, ce fut la goutte d'eau qui fit déborder le vase. Comme il considérait les règles morales comme indémontrables par principe, il se leva, pointa son tisonnier en direction de Popper et s'écria :

Ce à quoi Popper répondit : « On ne menace pas les intervenants invités avec des tisonniers. »[46] Wittgenstein, en rage, jeta le tisonnier dans la cheminée, sortit de la salle à grands pas et claqua la porte derrière lui avec fracas.

Cette rencontre, ou « Comment Ludwig Wittgenstein menaça Karl Popper avec un tisonnier », atteignit une certaine célébrité étant donné que non seulement Wittgenstein et Popper participaient à la rencontre, mais également d'autres philosophes de renom comme Russel — et que, de plus, cet incident fut immortalisé dans un roman philosophique allemand du même nom [*Wie Ludwig Wittgenstein Karl Popper mit dem Feuerhaken drohte*].

Ce petit épisode souligne la fervente posture de Wittgenstein sur cette question. Dès le début, ce qui lui importait, c'était la clarté et la délivrance des questions douloureuses de la philosophie. Le jeune Wittgenstein se rendait bien compte toutefois que l'éthique ne pouvait être éludée complètement. Au fond, sa colère s'adressait tout autant à lui-même qu'à Popper. Bien entendu, la facilité avec laquelle Popper lançait des affirmations éthiques sans aucun fondement scientifique possible l'exaspérait, mais il s'énervait aussi de devoir lui-même se priver de cette voie pour ne pas enfreindre la loi du silence qu'il s'était lui-même imposée. Car lui aussi avait été tenu en haleine toute sa vie par des questions d'ordre éthique et métaphysique. Et dans le *Tractatus* déjà, il reconnaît qu'il existe des problèmes qui vont bien plus loin que ce qu'il est possible d'exprimer par la science :

> Nous sentons que, à supposer même que toutes les questions scientifiques possibles soient résolues, les problèmes de notre vie demeurent encore intacts.⁴⁷

Il compare la lutte désespérée de l'être humain pour obtenir des réponses aux questions de la vie à celle d'une mouche qui, prisonnière d'un verre, ne peut s'empêcher de voler inlassablement pour trouver une issue et se heurte aux limites de la connaissance et du langage :

> C'est parfaitement, absolument, sans espoir de donner ainsi du front contre les murs de notre cage. [...] Mais elle nous documente sur une tendance qui existe dans l'esprit de l'homme, tendance que je ne puis que respecter profondément quant à moi [...].⁴⁸

Dans ce contexte, Wittgenstein souligne également que la science peut certes expliquer la composition et l'expansion de l'univers, donc fournir des informations sur la façon dont le monde est constitué, mais qu'elle n'explique en rien la raison pour laquelle il existe. Et c'est là où s'arrête la science et où commence le « Mystique » :

> Ce n'est pas *comment* est le monde qui est le Mystique, mais *qu'il soit*.[49]

Il n'existe pas non plus de déclarations scientifiques logiquement vérifiables et pertinentes sur notre bonheur et la question d'une vie comblée. En tant qu'êtres humains, nous rencontrons malheureusement, d'après Wittgenstein, des questions auxquelles nous ne pouvons pas répondre, mais qui se posent néanmoins :

> Il y a assurément de l'indicible. Il *se montre*, c'est le Mystique.[50]

45

On peut donc lire Wittgenstein de deux manières. D'une part en considérant la limite logique linguistique inéluctable de la philosophie, qu'il revendiqua avec une grande radicalité. D'autre part, en considérant la question mystique et métaphysique du sens de la vie, au sujet de laquelle il n'écrivit pas, mais qui le préoccupa profondément. Cela semble schizophrène et de fait, Wittgenstein fut confronté à ces deux opposés toute sa vie durant. En tant que logicien rigoureux, il s'imposa à lui-même et aux autres de garder le silence sur les « choses supérieures » ou sur « Dieu ». En tant que personne religieuse, cependant, il était passionnément préoccupé par le sens de l'existence dans le monde. Il lisait Tolstoï, Pascal, Kierkegaard et de nombreux autres écrits religieux mystiques. Lorsque son ami et enseignant anglais, le professeur de philosophie Russel, lui rappela qu'il était toutefois un logicien, il répondit :

[…] comment puis-je être logicien, alors que je ne suis pas encore un être humain ![51]

Les chercheurs qui travaillent de nos jours sur Wittgenstein parlent ainsi du « silence éloquent de Ludwig Wittgenstein ».[52] Autrement dit, l'appel de Wittgenstein, à l'intonation si apodictique, à se taire scientifiquement sur l'éthique et la métaphysique est en même temps un appel à suivre cette voie en tant qu'individu. Il avait donc en tête une éthique de l'action. Selon lui, si l'homme ne peut pas exprimer ses valeurs morales, il peut très bien les réaliser et les vivre dans ses actes. Wittgenstein ne commenta toutefois jamais explicitement des questions éthiques.

Le *Tractatus logico-philosophicus* devint rapidement l'œuvre standard du positivisme. Le Cercle de Vienne, de même que les logiciens et empiristes anglais célébrèrent ainsi le *Tractatus* comme un mémorial et un manifeste contre l'aberration logique de la philosophie classique posant la pierre fondamentale d'une nouvelle science positiviste ne s'appuyant que sur des faits vérifiables « positifs » et rejetant toute spéculation.

Mais alors, si ne sont plus autorisées que les déclarations sur les faits qui sont logiquement correctes et vérifiables dans la réalité, une question explosive se pose : celle de savoir si les propres déclarations de Wittgenstein dans le *Tractatus* satisfont à cette exigence. Et c'est exactement là que le bât blesse. Car le contenu du *Tractatus* ne constitue pas lui-même un pur fait, mais seulement un traité théorique sur ce qui peut et ne peut pas être connu – donc une considération épistémologique très abstraite qui ne peut pas être vérifiée comme il se doit dans le monde réel, voire même être démontrée expérimentalement.

Mais Wittgenstein était un esprit si clair et rigoureux qu'il remarqua évidemment lui-même cette contradiction intrinsèque. Dans l'avant-dernière thèse du Tractatus, il aborde ainsi ce problème de façon étonnamment offensive :

> Mes propositions sont des éclaircissements en ceci que celui qui me comprend les reconnaît à la fin comme dépourvues de sens, lorsque par leur moyen – en passant sur elles – il les a surmontées.[53]

D'après Wittgenstein, le lecteur attentif du *Tractatus* donc, dès lors qu'il a compris les sept principes du livre et les a reconnus comme corrects, devrait aboutir, dans une dernière étape, à appliquer également l'exigence d'exactitude logique et de vérifiabilité au *Tractatus* lui-même, et à reconnaître de la sorte son insoutenabilité et son absurdité d'un point de vue purement logique.

Néanmoins, pour Wittgenstein, le contenu n'est pas pour autant simplement sans valeur. En effet, une fois que le lecteur a réalisé que nous ne pouvons faire que de véritables déclarations factuelles sur le monde, il peut négliger le chemin qui l'a conduit à cette conclusion. Ce qui importe seulement désormais, c'est qu'il voie le monde sur la base de cette nouvelle perspective :

Il doit pour ainsi dire jeter l'échelle après y être monté. Il lui faut dépasser ces propositions pour voir correctement le monde.[54]

Le *Tractatus* est la seule œuvre philosophique publiée par Wittgenstein de son vivant. Il fit toutefois, à un âge plus avancé, une seconde découverte philosophique, tout aussi riche en conséquences que son *Tractatus* et qui fut publiée à titre posthume sous le titre de *Recherches philosophiques*. C'est à ce moment seulement que Wittgenstein découvrit la dimension propre au langage, bien plus étendue, et qu'il développa sa théorie des « jeux de langage » :

Depuis l'époque où j'ai recommencé, il y a seize ans, à m'occuper de philosophie, j'ai dû reconnaître de graves erreurs dans ce que j'avais écrit dans mon premier livre.[55]

Le monde comme jeu de langage

Contrairement à ce qu'il écrivit dans son « premier livre », le *Tractatus*, Wittgenstein, dans les *Recherches philosophiques*, ne soutient plus désormais la thèse selon laquelle seule la science naturelle peut faire des déclarations linguistiquement logiques et vraies sur le monde. Car le langage, selon le Wittgenstein tardif, est bien plus que l'instrument central avec lequel on peut décrire le monde d'une manière logique-

L'idée centrale de Wittgenstein

ment sensée et scientifiquement précise. Dans la vie de tous les jours, il est une sorte de « jeu » entre les locuteurs et crée ce faisant sa propre réalité. Selon le Wittgenstein tardif, le monde consiste en une multitude de jeux de langage tout aussi réels que des énoncés scientifiques :

> Représente-toi la diversité des jeux de langage à partir des exemples suivants, et d'autres encore :
>
> Donner des ordres, et agir d'après des ordres – Décrire un objet [...]
> Rapporter un événement [...]
> Établir une hypothèse et l'examiner [...]
> Inventer une histoire [...]
> Faire du théâtre [...]
> Faire une plaisanterie [...]
> Solliciter, remercier, jurer, saluer, prier.[56]

Ainsi, le langage ne se contente pas de décrire, il incite à l'action sous la forme d'ordres, par exemple, ou est lui-même une sorte d'action mise en scène, comme au théâtre.

D'après Wittgenstein, même sa propre exigence formulée dans le *Tractatus* de définir exactement les faits avec des mots correspondants, ne peut être satisfaite dans de nombreux cas, puisque les mots eux-mêmes sont ambigus. Bien que la proposition allemande « *Dies ist eine Bank* » (ceci est un banc/une banque) soit logiquement correcte et précise, elle est toutefois problématique : il peut s'agir d'un banc de parc ou d'une institution financière. Les mots ne prennent leur véritable sens qu'à travers l'usage qui leur est respectivement accordé dans les jeux de langage. Selon la façon dont il est utilisé, le mot allemand « *Schimmel* » peut signifier un champignon en décomposition sur la confiture ou un cheval blanc dans un pré.

Même le sens du mot « cinq » ne devient apparent, d'après Wittgenstein, que lorsqu'il est utilisé concrètement dans tel ou tel jeu de langage. Par exemple, si une fille dit à sa mère : « J'ai obtenu un cinq en maths », « cinq » signifie un mauvais résultat scolaire. Mais si elle dit à sa mère : « Je rentre demain à cinq heures », elle veut dire par là une heure précise de la journée, et si elle dit : « Mes amies Corinna, Tina, Astrid et les jumelles du garde forestier viennent pour mon anniversaire, elles sont cinq en tout », elle fait référence au nombre de ses invitées. La jeune fille peut aussi utiliser le mot « cinq » pour décrire la largeur de son téléphone portable en centimètres, une place précise au cinéma ou le prix d'une coupe de glace. Par conséquent, Wittgenstein arrive à la conclusion suivante :

La signification d'un mot est son emploi dans le langage.[57]

Cela devient également très clair avec le mot « jeu ». Ce mot prend son sens exclusivement à travers ses contextes respectifs. Supposer que l'on peut définir d'une manière ou d'une autre le mot « jeu » et lui attribuer un usage spécifique est une grande erreur, d'après Wittgenstein. Certains esprits naïfs affirment bel et bien que le « jeu » peut être défini comme une compétition divertissante avec des gagnants et des perdants qui testent leurs compétences en fonction de règles définies. En y regardant de plus près, cependant, il s'agit là d'un non-sens selon Wittgenstein :

> Considère, par exemple, les processus que nous nommons „jeux". Je veux dire les jeux de pions, les jeux de cartes, les jeux de balle, les jeux de combats, etc. Qu'ont-ils tous de commun ? [...]

> Sont-ils tous „divertissants" ? [...] Y a-t-il toujours un vainqueur et un vaincu, ou les joueurs y sont-ils toujours en compétition ? Pense aux jeux de patience. Aux jeux de balle, on gagne ou on perd ; mais quand un enfant lance une balle contre un mur et la rattrape ensuite, ce trait du jeu a disparu. Regarde le rôle que jouent l'habileté et la chance ; [...][58]

Dans les échecs, par exemple, tout tourne autour de la pensée logique ; dans le tennis autour de l'habileté physique ; et la roulette, est un jeu de pur hasard. La patience se joue seul, le football en groupe. Le mot « jeu » ne peut donc pas être défini par un facteur global d'habileté, de chance ou de compétition, car il change ses paramètres comme un caméléon qui adapte sa couleur à l'environnement. La seule chose

L'idée centrale de Wittgenstein

que l'on puisse dire, toutefois, c'est que les jeux de société, par exemple, présentent certaines similitudes — même si certains ne fonctionnent qu'avec la chance des dés, tandis que d'autres, comme le jeu du moulin, Halma ou les échecs, sont liés à la stratégie. De même, par exemple, tous les jeux de balle ou tous les jeux de cartes. Et les différents groupes de jeux ont également certains chevauchements les uns avec les autres :

> [...] nous voyons un réseau complexe de ressemblances qui se chevauchent et s'entrecroisent. [...] Je ne saurais mieux caractériser ces ressemblances que par l'expression d'"air de famille" ; car c'est de

> cette façon-là que les différentes ressemblances existant entre les membres d'une même famille (taille, traits du visage, couleur des yeux,

> démarche, tempérament, etc.) se chevauchent et s'entrecroisent etc. – Je dirai donc que les „jeux" forment une famille.[59]

Il n'y a donc finalement, d'après Wittgenstein, que de vagues „airs de famille" entre les multiples significations du mot « jeu ». Ce qui est déterminant et le demeure, c'est l'usage concret du mot. Il en va de même pour presque tous les termes de notre langue.

Après ses nombreuses années comme enseignant, Wittgenstein constata donc que l'usage réel de la langue ne correspondait pas du tout aux exigences de précision scientifique qu'il avait formulées dans le *Tractatus*. Finalement, le langage est beaucoup trop vivant et imprécis pour se conformer exactement aux règles de la logique. Au lieu de réfléchir à des formulations idéales, il faut, dit Wittgenstein, prendre le langage courant tel qu'il est. Il faut regarder l'usage réel des mots. On se rend alors compte que le véritable sens des mots n'émerge jamais que dans un contexte éblouissant et vivant : le dénommé « jeu de langage ».

Wittgenstein explique alors ce qu'il entend exactement par jeu de langage. D'abord, il parle du jeu de langage « primitif ». Effectivement, nous pratiquons déjà les premiers jeux de langage dans notre enfance, quand nous apprenons des mots comme « Maman » ou « Papa », que nous les utilisons maladroitement, déclenchant ainsi des réactions :

L'idée centrale de Wittgenstein

> Les jeux de langage sont les formes de langage par lesquelles un enfant commence à utiliser les mots.[60]

Ensuite, Wittgenstein décrit également comme un « jeu de langage » toute autre communication plus complexe entre deux personnes ou plus, dès lors que les joueurs suivent certaines règles communes. Ces règles communes sont nécessaires, car sans elles aucun jeu de langage ne serait possible. Wittgenstein compare ceci à une partie d'échecs. Si deux joueurs d'échecs ne suivent pas les mêmes règles et que chacun déplace ses pions, fous, cavaliers, tours, etc. sur l'échiquier selon ses propres règles, le jeu ne fonctionnera pas plus que le jeu de langage entre un Chinois et un Espagnol s'exprimant chacun dans leur langue maternelle respective. Tout aura l'air d'un « jargon espagnol » pour l'un et « d'être du chinois » pour l'autre. Mais quelles sont exactement les règles d'un jeu de langage ? Quels prérequis les joueurs doivent-ils partager ? Est-ce la grammaire ou la connaissance des significations ou des « airs de famille » des mots utilisés ? Wittgenstein explique d'abord la nature du jeu de langage en prenant l'exemple du « langage simple » des ouvriers du bâtiment :

> Imaginons ce langage : Sa fonction est la communication entre un constructeur A et son aide B. B doit tendre à A des pierres de construction. Il y a des pavés, des briques, des dalles, des poutres, des colonnes. Le langage est constitué des mots « pavé », « brique », « dalle », « colonne ». A lance l'un de ces mots, à la suite de quoi B apporte une pierre d'une certaine forme.[61]

Le jeu de langage des ouvriers du bâtiment consiste d'abord en une connaissance commune du sens et de l'application des mots « pavé », « dalle », « brique », « poutre » et « colonne ». Mais en y regardant de plus près, il fonctionne également grâce à l'utilisation de systèmes de règles mathématiques maîtrisés par les deux, si, par exemple, A veut un certain nombre de pierres de B :

L'idée centrale de Wittgenstein

> Quand on lui donne l'ordre « cinq dalles ! », il va là où sont entreposées les dalles, dit les mots de un à cinq, prend une dalle par mot, et les apporte au constructeur.[62]

En outre, les règles et conventions nécessaires au jeu de langage peuvent encore être améliorées pendant le jeu lui-même, lorsque par exemple une nouvelle forme de pierre de construction est livrée :

> B montre l'une d'elles et demande « Qu'est-ce que c'est ? » ; A répond : « C'est un... ». Plus tard, A lance le mot nouveau, par exemple « arceau » et B apporte la pierre.[63]

Le jeu de langage des ouvriers du bâtiment se caractérise donc par un grand nombre de termes techniques partagés tels que « pavé », « dalle », « brique », « poutre » et « colonne », etc. ainsi que par des systèmes de nombres mathématiques partagés et par la possibilité d'inclure des termes supplémentaires dans le jeu de langage.

Tout comme le langage des ouvriers du bâtiment, les différents jeux de langage des physiciens nucléaires, des footballeurs ou des moines sont très différents et possèdent leurs qualités intrinsèques. Tout comme une seule et même personne est capable le matin, dans son entreprise informatique, de développer avec ses collègues un langage de programmation dans le jargon de la profession, l'après-midi d'encourager ses protégés et les entraîner au club de boxe en utilisant des mots propres à ce sport de combat, et le soir de faire rire son enfant d'un an en imitant des bruits d'animaux. Elle participe ainsi en très peu de temps à trois différents jeux de langage. Les jeux de langage peuvent aussi, dit Wittgenstein, être caractérisés par les milieux, les niveaux de compétence ou les orientations propres aux activités des locuteurs. Ainsi, l'orientation propre aux activités de l'informaticien qui développe un langage de programmation universel n'est pas la même que celle d'un entraîneur poussant ses boxeurs à la victoire, ni que celle d'un père qui fait rire son enfant.

Troisièmement, Wittgenstein considère aussi le langage dans son ensemble, comme par exemple la langue française, allemande ou anglaise comme formant un « jeu de langage » :

> J'appellerai aussi « jeu de langage » l'ensemble formé par le langage et les activités avec lesquelles il est entrelacé.[64]

Wittgenstein se met à chercher les caractéristiques sous-jacentes qui relient les jeux de langage. Il analyse entre autres la grammaire, mais doit se rendre au fait qu'il n'existe aucune grammaire universelle de base. Il s'aperçoit que non seulement la simple construction de la phrase (sujet, verbe et objet) diffère, mais aussi le vocabulaire et les termes abstraits communs. Dans les régions de l'Amazonie brésilienne, par exemple, il existe des autochtones qui n'ont pas de termes pour les couleurs ni pour les chiffres, ils n'ont pas non plus de propositions subordonnées. Et au sein d'une même communauté linguistique grammaticale également, par exemple dans la langue française, les utilisations de certains éléments grammaticaux peuvent être très différentes. Le langage utilisé au parlement français est très différent, par exemple, de celui de la Légion étrangère française, dont le jeu de langage suit une logique purement militaire d'ordres émis à voix haute :

> On peut facilement se représenter un langage qui consiste seulement en ordres et en constats faits lors d'une bataille.[65]

Wittgenstein arrive donc à la conclusion que les différents jeux de langage suivent bien des conventions et des systèmes de règles spécifiques, mais qu'il est impossible d'identifier une essence homogène à tous les jeux de langage :

> – Ici, nous butons sur la grande question sous-jacente à toutes ces considérations. – On pourrait en effet m'objecter : « Tu te facilites la tâche ! Tu parles de toutes sortes de jeux de langage, mais tu n'as nulle part dit ce qui est essentiel au jeu de langage et donc au langage lui-même, […]." Et cela est vrai. –

L'idée centrale de Wittgenstein

> Au lieu d'indiquer un trait commun à toutes les choses que nous appelons langage, je dis que ces phénomènes n'ont rien de commun qui justifie que nous employons le même mot pour tous, [...].[66]

Au lieu de nommer la nature des jeux de langage de manière uniforme, Wittgenstein se réfère uniquement aux « airs de famille » et aux « parentés » existantes dans les jeux de langage. Par exemple, le jeu de langage militaire – avec ses officiers, ses recrues, ses ordres, ses stratégies, ses campagnes et ses manœuvres – présente une certaine « parenté » avec le jeu de langage des affaires. Là aussi, il y a des directeurs généraux, des directeurs financiers, des recruteurs, des ordres, des stratégies d'expansion et des débriefings de campagnes et de manœuvres. De tels emprunts au jeu de langage militaire produisent parfois des résultats bizarres dans les entreprises, par exemple lorsqu'un débriefing sur l'envoi de cadeaux de Noël aux clients de première classe figure sur le planning sous la rubrique « Débriefing de la manœuvre de Noël ».

Notre tâche la plus importante est donc d'essayer de comprendre le sens des mots dans les différents jeux de langage sur la base de nombreux exemples. Raison pour laquelle Wittgenstein nous recommande :

Décris donc les jeux de langage ![67]

La découverte de Wittgenstein, selon laquelle nous évoluons toute notre vie au sein de différents jeux de langage, semble simple au premier abord. Nous apprenons à parler dans notre enfance et restons dès lors attachés à cette langue du point de vue des significations que nous donnons aux termes et au monde qui nous entoure. Cependant, selon la thèse de Wittgenstein, ces jeux de langage sont liés de façon déterminante à notre réalité quotidienne, c'est de là que sa découverte tire toute sa puissance. En somme, ils ne sont en aucun cas aussi « ludiques » que le titre pourrait le suggérer, mais constituent une partie essentielle de notre réalité quotidienne.

Tu es ce que tu parles : mots, phrases, formes de vie

Les jeux de langage ne se produisent jamais dans le vide. Wittgenstein analysa en profondeur des dizaines, voire des centaines de jeux de langage et découvrit que les mots, les phrases et les significations que nous leur donnons sont directement liés à notre mode de vie :

[...] parler un langage fait partie d'une activité, ou d'une forme de vie.[68]

Cela signifie que les jeux de langage sont à la fois l'expression et le reflet manifeste de notre réalité familiale, professionnelle et sociétale. Ainsi, depuis l'enfance, nous sommes habitués à utiliser certaines expressions. Et ces habitudes linguistiques se consolident, façonnent et déterminent notre perception du monde. Un exemple très simple en est le mot « Brücke » (pont) que les Allemands utilisent dès l'enfance avec l'article féminin « *die* » (la). Des études représentatives du point de vue linguistique ont montré que les Allemands ont une tendance significative à attribuer aux ponts des attributs plutôt féminins, tels que « étroit, élégant », tandis que les Espagnols ont tendance à associer le mot « pont », grammaticalement masculin dans leur jeu de langage, à des attributs comme « vigoureux, rectiligne et fort ».

Ce lien entre la langue et la perception du monde devient considérablement plus captivant lorsque l'on considère les opinions politiques, les convictions et le sens de la justice. En effet, les jeux de langage ne sont pas des systèmes fixes, mais

quelque chose qui consiste en des actes de jeu répétés dans le temps, [...][69]

Les jeux de langage naissent et s'établissent donc à différentes époques par les jeux répétés d'une communauté d'action, c'est-à-dire d'un peuple ou d'une culture. En tant que modèles d'action sociaux, les jeux de langage forment des accords établis au même titre que les coutumes et les lois d'un système juridique. Au Moyen Âge, par exemple, un noble châtelain pouvait faire valoir le « droit de la première nuit » contre un fermier sur le point de se marier en proclamant « *jus primae noctis* ! » et obliger la fiancée d'un niveau social inférieur à passer la première nuit avec lui dans son château. De nos jours, cette coutume a disparu du jeu de langage et est illégale. Les seigneurs féodaux ont disparu et même un directeur de banque ou un producteur ne peut plus exiger de passer une nuit avec la fiancée d'un employé selon le « *jus primae noctis* ». Le terme de « *jus primae noctis* » est oublié. Mais si l'usage du vocabulaire change, tout comme le rôle joué par une certaine combinaison de mots, il perd sa force créatrice de réalité. Si, par exemple, le terme désignant un droit spécifique a été oublié,

celui-ci perd sa signification pour nous, c'est-à-dire que nous ne pouvons plus jouer avec lui un jeu de langage bien déterminé.[70]

Un jeu de langage doit être constamment utilisé et ancré dans la société pour continuer à pouvoir être joué. Dans l'histoire des peuples et des cultures, des jeux de langage sont sans cesse oubliés, tandis que de nouveaux apparaissent. Nous avons ainsi encore quelques mots très anciens dans la langue, par exemple « serf », « esclave domestique », « bonne », « crime de lèse-majesté », « iniquité », « blasphème », qui ne jouent aujourd'hui qu'un rôle mineur. D'autre part, de tout nouveaux mots comme « blackout », « burnout », « workout » sont entrés dans le langage :

On peut considérer notre langage comme une ville ancienne, comme un labyrinthe fait de ruelles et de places, de maisons anciennes et de maisons neuves, et d'autres que l'on a agrandies à différentes époques, le tout environné d'une multitude de nouveaux faubourgs [...].[71]

C'est dans le changement de langage que se montrent le changement de notre vie et le changement de la société. Mais Wittgenstein ne prétend pas que chaque nouveau jeu de langage émerge uniquement d'un mode de vie modifié. Un nouveau jeu de langage peut, à l'inverse, entraîner un changement dans la réalité.

Il est cependant crucial que les membres du groupe social ou de la communauté linguistique respective soient d'accord sur ces changements.

Les jeux de langage individuels reflètent le caractère historique d'un mode de vie social. Le philosophe Aristote préconisa ainsi l'esclavage comme une chose entièrement naturelle, considérant les esclaves comme faisant partie de la « ta onta », comme une part des biens ménagers. Ce serait impossible dans le jeu de langage d'aujourd'hui. Selon Wittgenstein, le langage est une partie de notre évolution en constant développement :

Donner des ordres, poser des questions, raconter, bavarder, tout cela fait partie de notre histoire naturelle, tout comme marcher, manger, boire, jouer.[72]

L'importance des jeux de langage pour nos vies personnelles commence à la naissance. C'est ainsi que nous naissons dans une famille, une culture et un pays particuliers :

> L'enfant apprend à croire une quantité de choses. C'est-à-dire qu'il apprend à agir selon ces croyances. Petit à petit se forme un système de ce qu'il croit et, dans ce système, certaines choses sont inébranlablement fixées et d'autres sont plus ou moins mobiles.[73]

Dès l'enfance, nous sommes donc existentiellement impliqués dans certains jeux de langage. Le premier jeu de langage est celui que nous jouons avec nos parents, puis viennent s'ajouter la fratrie, les pairs, les camarades de classe, les enseignants, les mentors, la littérature, les interactions médiatiques et ainsi, petit à petit, les jeux de langage de la société dans son ensemble. Ces jeux de langage changent et nous changent aussi avec eux :

> Quand les jeux de langage changent, les concepts changent, et avec les concepts, les sens des mots.[74]

C'est ainsi que notre vocabulaire s'enrichit tout au long de la vie, tout comme le sens que nous donnons aux mots. Dans certains cas, le monde du langage et des idées tout entier change et avec lui notre attitude face à la vie. Et pourtant, nous restons existentiellement attachés aux jeux de langage de la société. Nous n'avons aucune chance d'évoluer en dehors de ceux-ci. Mais, pourrait-on se demander, n'y a-t-il vraiment pas une seule idée privée et spontanée qui ne soit forcément liée à un jeu de langage et au respect de ses règles ? La réponse de Wittgenstein à cette question est un « non » catégorique.

Même les ressentis, tels que la « douleur » que je suis en fait le seul à pouvoir éprouver, ne peuvent pas vraiment être considérés comme un langage privé. Car le fait même que j'appelle un certain ressenti « douleur » suppose que j'aie appris dans l'enfance ou dans des jeux de langage ultérieurs à utiliser le sens du mot de cette manière et pas autrement :

L'invention de nouveaux mots fantaisistes, comme l'attribution arbitraire de significations dans le langage privé est en fin de compte impossible. Si je dis, par exemple, dans un jeu de langage public, « le sang est vert », alors les autres peuvent me dire que ce n'est pas le cas et que par convention et réglementation communes, la désignation de la couleur du sang est « rouge ». Si j'essayais de définir moi-même le sang comme « vert » dans mon langage privé individuel, je n'aurais aucune autorité de contrôle pour me dire si ma propre règle d'attribution du mot « rouge » a un sens ou non :

C'est donc aussi qu'on ne peut pas suivre la règle „privatim" [...].[76]

Personne ne peut être son propre soleil. Nous restons donc piégés dans le jeu du langage social toute notre vie. Si nous voulions exprimer l'idée centrale de Wittgenstein en une seule phrase, nous pourrions dire : le langage est bien plus qu'un simple outil de compréhension puisque tout ce qui fait notre existence est condensé dans les jeux de langage quotidiens : notre mode de vie actuel, notre biographie précédente avec tous les jeux de langage passés depuis l'enfance, notre environnement, notre société avec ses traditions et finalement tout le développement historique évolutif.

Avec son *Tractatus*, Wittgenstein entreprit de débarrasser le monde des questions philosophiques absurdes et de faire taire la philosophie à cet égard. Et pourtant, il était philosophe depuis le début et posait les grandes questions : que puis-je savoir ? Qu'est-ce qui détermine l'existence humaine ? Qu'est-ce que le bien et le beau ? Sa réponse est à chaque fois la même : c'est le langage. Car c'est uniquement dans l'organon du langage que se condense la détermination à la fois gnoséologique, ontologique et éthiquement esthétique de l'être humain. Ou pour le dire simplement : dans le médium vivant du langage se concentrent premièrement notre capacité limitée à connaître le monde, deuxièmement toute notre connaissance de l'existence du monde et troisièmement notre ressenti éthique de ce qui est bon et juste. En un mot : nous sommes langage :

Considère le jeu de langage comme *le primaire* ![77]

A quoi nous sert la découverte de Wittgenstein aujourd'hui ?

Le courage de changer : changer de jeux de langage et de formes de vie !

Mais à quoi nous sert le fait que Wittgenstein ait découvert le rapport entre le jeu de langage et la forme de vie ? Nous est-il possible, par exemple, de changer de jeux de langage lorsque nous sommes malheureux ? Wittgenstein répond par un « oui » clair et net :

Que la vie soit problématique, cela veut dire que ta vie ne s'accorde pas à la forme du vivre. Il faut alors que tu changes ta vie, et si elle s'accorde à une telle forme, ce qui fait problème disparaîtra.[78]

À quoi nous sert la découverte de Wittgenstein aujourd'hui ?

Ainsi, lorsque notre vie est problématique ou insatisfaisante, nous devons en changer la forme. Par « changer la forme de vie », Wittgenstein entend les jeux de langage quotidiens et le mode de vie associé. En fait, il a lui-même changé radicalement et à plusieurs reprises son mode de vie et ses jeux de langage. Il changea plusieurs fois complètement de profession, de nationalité et de milieu de vie. Il déposa des brevets en tant qu'ingénieur, commanda des troupes comme officier autrichien en Italie, enseigna aux enfants comme instituteur dans la province de Trattenbach, travailla comme aide-jardinier dans un monastère, comme infirmier dans un hôpital pour blessés de guerre à Londres, construisit en tant qu'architecte une maison à Vienne et enfin donna des cours en tant que professeur à Cambridge. Ses changements de lieu ne furent jamais entièrement volontaires, mais étaient toujours dus au désir d'acquérir un nouveau jeu de langage et un nouveau mode de vie.

Il confia par exemple à un ami que s'il restait un jour de plus à l'université à étudier la philosophie, il deviendrait fou. Il se retira alors en Norvège dans une cabane en bois, participa à la Première Guerre mondiale en tant que volontaire et travailla ensuite comme instituteur dans une école de village autrichienne. Pourtant, ces changements de lieux et de sociétés justement ne lui donnaient que de brefs temps de repos. À cela s'ajoutait son caractère, peut-être aussi sa prédisposition génétique. Trois de ses quatre frères, Hans, Kurt et Rudolf, se suicidèrent et lui-même connut à plusieurs reprises des phases dépressives au cours desquelles il pensa au suicide :

Je chevauche la vie comme un mauvais cavalier sa monture.[79]

Bien qu'il ait enseigné à ses élèves avec beaucoup d'engagement pendant cinq ans, il se sentit toujours exclu du jeu de langage vivant de ses collègues et des villageois. Il écrivit ainsi à son ami Russel le 23 octobre 1921 :

Je suis encore et toujours à Trattenbach et je suis toujours et encore entouré de haine et de méchanceté. Il est vrai que les hommes, en moyenne, ne valent nulle part grand-chose ; mais ici ils sont bien plus inutiles et

À quoi nous sert la découverte de Wittgenstein aujourd'hui ?

irresponsables que partout ailleurs. Je resterai peut-être à Trattenbach cette année encore, mais probablement pas plus longtemps, car je ne m'entends pas bien avec les autres professeurs ici non plus.[80]

Après que le professeur Wittgenstein, réputé intolérant, eut giflé un élève atteint de tuberculose sans connaître son état et lui ait fait perdre connaissance temporairement, une enquête fut ouverte contre lui. Bien qu'entièrement réhabilité, son isolement et l'enseignement lui pesèrent de plus en plus, si bien qu'il finit par démissionner.

Il quitta le village de Trattenbach, qui comptait 800 habitants, pour la métropole de Vienne, travailla dans un bureau d'architecture et se consacra avec une grande passion à la planification et à la construction d'une maison pour sa sœur. Avec son ami Engelmann, il créa un tout nouveau type de bâtiment sans aucun égard pour la construction et l'ornementation classiques alors dominantes. Wittgenstein prescrivit pour le bâtiment un style radicalement abstrait et systématiquement dépouillé qu'il mit en œuvre jusque dans les moindres détails, des fenêtres et de l'escalier aux radiateurs et aux poignées de porte.

Sa sœur parla donc de « logique faite maison » et Wittgenstein lui-même remarqua un peu pensivement au vu de l'aspect sobre de son édifice achevé :

À quoi nous sert la découverte de Wittgenstein aujourd'hui ?

[...] ma maison pour Gretl est le produit d'une finesse d'oreille incontestable, de bonnes manières, [...] Mais la vie originaire, la vie sauvage, qui voudrait se déchaîner, est absente. On pourrait donc dire également qu'il lui manque la *santé* [...].[81]

La vie sauvage qui voudrait se déchaîner ne manquait pas seulement à cette maison. Wittgenstein lui-même menait une vie stricte avec une grande maîtrise de soi. Il ne put vivre son penchant homosexuel que temporairement lors de voyages, mais jamais librement en public. La morale sexuelle alors encore très restrictive le contraignit à la dissimulation et au secret toute sa vie. Peut-être cette circonstance aiguisa-t-elle aussi sa vision du lien entre les jeux de langage et les formes de vie. Selon Wittgenstein, les accords linguistiques et sociaux sont d'une importance décisive pour le développement ou le non-développement d'un être humain.

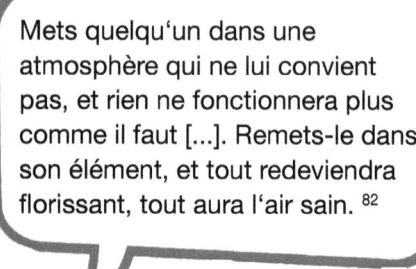

> Mets quelqu'un dans une atmosphère qui ne lui convient pas, et rien ne fonctionnera plus comme il faut [...]. Remets-le dans son élément, et tout redeviendra florissant, tout aura l'air sain. [82]

Grâce à son travail d'architecte à Vienne, il rencontra le « Cercle de Vienne », un groupe de philosophes néo-positivistes qui célébraient son *Tractatus* avec enthousiasme et qui l'invitèrent à des entretiens. Après avoir ainsi renoué avec la philosophie, il décida de retourner à Cambridge, son ancien lieu d'études, où il fut engagé comme boursier (« fellow ») et finalement nommé professeur.

Wittgenstein nous exhorte à changer de jeux de langage quand on est malheureux dans un certain entourage ou quand on sent que l'on ne peut plus s'épanouir. Cet appel est d'une validité intemporelle. Cependant, selon Wittgenstein, ce n'est bien sûr pas toujours possible. Si la chance ne nous sourit pas, on rencontrera encore, à des centaines de kilomètres, exactement les mêmes préjugés et les mêmes jeux de langage,

parce que les vêtements de notre langage uniformisent tout.[83]

De plus, il n'est pas nécessairement possible de choisir ses jeux. Nous naissons par exemple tous dans le jeu de langage de notre foyer parental sans que l'on nous le demande et y évoluons presque exclusivement durant la première phase de notre socialisation. Même dans la vie adulte, par exemple au travail, nous ne pouvons en aucun cas concevoir ou choisir librement le jeu de langage. Mais, selon Wittgenstein, nous devrions au moins être capables de changer d'environnement lorsque nous en souffrons. En fait, de nouvelles tâches, de nouveaux cercles d'amis et de nouvelles impulsions ont souvent un effet libérateur. Outre cette aide personnelle, l'analyse philosophique des jeux de langage de Wittgenstein comporte également une seconde dimension, sociale, qui nous tient en haleine jusqu'à ce jour.

Le lien brillant que Wittgenstein tisse entre le langage et la forme de vie – Reconnaître l'action réciproque

Chaque être humain est la somme de tous ses jeux de langage actuels et passés. Nous devons notre conscience, nos valeurs morales et toute notre représentation du monde aux jeux de langage actuels et à ceux utilisés depuis des siècles. Ceux-ci ne sont pas simplement suspendus dans le vide, mais sont indissociablement liés aux formes de vie correspondantes.

Les mots « patricien », « plébéien » et « barbare », par exemple, appartiennent au jeu de langage de l'ancien Empire romain, les désignations « suzerain », « serf » et « paysan lié à la terre » appartiennent au jeu de langage du moyen-âge féodal et les termes « seigneur colonial », « nègre », « peau-rouge » et « sauvage » à l'époque du colonialisme européen ou de la conquête du « Far-West » par les colons « blancs ».

Tous ces termes correspondent à des conventions et à des formes de vie particulières. Ils servent toujours à justifier nos propres actions. La mise en esclavage et l'asservissement des peuples africains, par exemple, avaient déjà été minimisés et légitimés par le langage qui les désignait simplement de « sauvages », de

« païens » ou de « nègres » devant être convertis et civilisés :

Ce que les hommes font valoir comme justification, – montre comment ils pensent et comment ils vivent.[84]

De nos jours, nombre de ces termes discriminatoires sont dépassés et parfois même tabous, car nous avons maintenant de nouveaux jeux de langage et de nouvelles conventions :

Quand les jeux de langage changent, les concepts changent, et avec les concepts, les sens des mots.[85]

En fait, de nombreux mots racistes qui étaient courants dans les anciens jeux de langage ont été bannis du jeu de langage actuel pour éviter une rechute dans la pensée et l'action correspondantes. L'histoire de l'humanité n'est finalement rien d'autre que l'histoire du changement progressif des jeux de langage :

> Si nous imaginons les faits autrement qu'ils ne sont, certains jeux de langage perdent de leur importance, alors que d'autres gagnent de l'importance. Et c'est ainsi que se transforme, graduellement, l'usage du vocabulaire du langage.[86]

L'utilisation du vocabulaire est donc en constante évolution. La question intéressante est à présent de savoir ce qui change en premier : les jeux de langage ou la réalité ? Si ce sont les jeux de langage, alors changer les mots peut aussi changer la réalité.

Effectivement, de nouveaux jeux de langage se jouaient déjà sous les Lumières françaises, par exemple, avant le changement révolutionnaire et le renversement du roi. Des revendications comme « Liberté, Égalité, Fraternité ! » ont émergé. Les mots «

À quoi nous sert la découverte de Wittgenstein aujourd'hui ?

séparation des pouvoirs », « souveraineté populaire », « citoyen » et « liberté » ont soudain joué un rôle énorme. De nouvelles phrases provocatrices ont été incluses dans le jeu de langage, par exemple la question : « Qui doit gouverner le peuple sinon le peuple ? ». Lorsque le roi Louis XVI fut jeté en prison par les révolutionnaires et qu'il y trouva les livres de Voltaire et de Rousseau, il aurait dit : « Ces deux hommes ont détruit la France ! » Les paroles de Voltaire et de Rousseau ont-elles vraiment ébranlé l'ancien mode de vie ? Est-il possible que chaque changement d'époque soit précédé d'un changement du jeu du langage ?

Ce qui est certain, c'est que les monarques et les dictateurs ont de tout temps essayé d'épier, de contrôler et d'influencer le jeu du langage de leurs sujets. La censure est aussi ancienne que la parole écrite elle-même. Car les gouvernants ont toujours su qu'un changement dans le jeu du langage est dangereux dans la mesure où il peut entraîner un changement dans la forme de vie.

Cependant, Wittgenstein lui-même ne traita jamais en détail cette question fascinante. Il était moins préoccupé par l'explosivité politique et historique des jeux de langage. Il refusa également de chercher des raisons, voire une légitimation à tel ou tel jeu de langage :

> Notre faute est de chercher une explication là où nous devrions voir les faits comme des « phénomènes originaires » ; en d'autres termes, là où nous devrions dire que *tel jeu de langage se joue*.[87]

Avant tout, Wittgenstein appelait à l'analyse critique des mots et des phrases afin de reconnaître clairement leur sens respectif et d'écarter les malentendus. Il exclut un changement du jeu de langage par une intervention ciblée dans celui-ci. Il insista sur le fait que la philosophie n'avait pas de fonction émancipatrice mais seulement descriptive :

> La philosophie ne doit en aucune manière porter atteinte à l'usage effectif du langage, elle ne peut donc, en fin de compte, que le décrire. [...] Elle laisse toutes choses en l'état.[88]

Le rôle descriptif et totalement apolitique que Wittgenstein attribuait à la philosophie provoqua notamment les penseurs de « l'École de Francfort », qui se donnaient pour tâche de critiquer les jeux de langage et les modes de vie dictatoriaux et de les changer de manière révolutionnaire. Ainsi Herbert Marcuse critiqua : « L'assurance de Wittgenstein selon laquelle la philosophie ‚laisse toutes choses en l'état' – à mon avis, de telles affirmations révèlent un sadomasochisme académique [...]. »[89] Selon Marcuse, la philosophie a justement le devoir d'observer attentivement, de critiquer et d'influencer les jeux de langage.

Wittgenstein, d'autre part, était étonnamment apolitique, bien qu'il ait reconnu le lien explosif entre le jeu de langage et la réalité de la vie. Il soutenait que les philosophes ne doivent pas intervenir dans le jeu de langage et que le processus critique de la langue doit, justement, être inversé. Selon Wittgenstein, la philosophie elle-même doit être jugée à l'aune de son utilisation des concepts et des mots tels qu'ils sont utilisés dans les jeux du langage quotidien. Pour lui, la plupart des malentendus viennent du fait que les philosophes attribuent leur propre sens aux mots et, du fait de cet usage quotidien arbitraire, s'éloignent tellement de l'usage courant qu'il règne au final une confusion totale :

Quand les philosophes emploient un mot – „savoir", „être", „objet", „je", „proposition", „nom" – et s'efforcent de saisir l'essence de la chose en question, il faut toujours se demander : ce mot est-il effectivement employé ainsi dans le langage où il a son lieu d'origine ? – Nous reconduisons les mots de leur usage métaphysique à leur usage quotidien.[90]

Il faudrait donc, selon Wittgenstein, prendre un jour la peine de ramener tous les mots des grands philosophes à leur usage courant et de les mesurer à celui-ci. On verrait alors rapidement tout le non-sens qui surgit lorsque les philosophes réinterprètent les termes pour en dire plus que ce que les mots ne peuvent réellement dire.

Car les problèmes philosophiques surgissent lorsque le langage est *en roue libre*.[91]

À quoi nous sert la découverte de Wittgenstein aujourd'hui ?

En faisant un usage solennel et atypique des mots, les philosophes espèrent, selon Wittgenstein, sortir de la cage du langage, ou repousser un peu les limites du langage. Mais c'est justement cela qui pour lui est une illusion. En réalité, les philosophes ne font ainsi que se prendre des « bosses » :

> Les résultats de la philosophie consistent dans la découverte d'un quelconque simple non-sens, et dans les bosses que l'entendement s'est faites en se cognant contre les limites du langage.[92]

Même si ce que demandait Wittgenstein, avec sa rigueur et sa retenue typiques, était simplement la description de l'usage des mots et des phrases, sa découverte du lien entre jeu de langage et mode de vie mit tout de même le feu aux poudres. Car cette connexion est et reste hautement explosive. Qui la reconnaît une fois ne peut s'empêcher de remarquer que langage et domination sont aussi étroitement liés que langage et émancipation.

Les philosophes Derrida et Habermas, par exemple, ont, dans le sillage de la grande découverte par Wittgenstein du lien entre langage et forme de vie, traité de l'influence émancipatrice du langage sur les formes de vie. Selon Habermas, le langage, en tant que compétence générique, contient de nombreux éléments communs qui pourraient permettre un discours et un mode de vie informel enduits de liberté. À l'inverse, Marcuse, Adorno, Horkheimer et Foucault ont analysé le caractère répressif du langage. Ils ont même compris le langage comme un organe dangereux de domination et d'exercice du pouvoir. C'est en tout cas Wittgenstein qui pour la première fois ouvrit la porte nous permettant de reconnaître l'importance énorme du langage pour notre société.

« Un Reich, un peuple, un Führer ! » – Jeux de langage politiques pour la manipulation des formes de vie

Selon la thèse centrale de Wittgenstein, les jeux de langage ne sont pas figés, ils ne constituent donc pas des systèmes bouclés. Ils ne demeurent dans une société que tant qu'ils sont joués et c'est la répétition quotidienne qui renforce le jeu :

À quoi nous sert la découverte de Wittgenstein aujourd'hui ?

[...] un jeu de langage est quelque chose qui consiste en des actes de jeu répétés dans le temps, [...].[93]

Cette conclusion, à savoir que les jeux de langage tirent leur force de la répétition quotidienne, Wittgenstein la partageait avec Hitler. Wittgenstein et Hitler fréquentèrent tous deux la *Realschule* de Linz. Bien qu'ils aient probablement peu échangé dans la cour de récréation – Wittgenstein était dans la classe supérieure – tous deux accordèrent une grande attention au langage. Contrairement à Wittgenstein, Hitler ne voulait pas seulement analyser le lien entre langage et forme de vie, mais l'utiliser à son profit. Par la répétition constante de quelques mots et phrases simples, comme « Un Reich, un peuple, un Führer ! », il tentait d'influencer le jeu de langage des Allemands. Son objectif était la transformation du mode de vie démocratique et de son canon de valeurs en une vision du monde national-socialiste et un mythe du « peuple souverain sans espace ». Wittgenstein, lui, avait déjà constaté avec inquiétude que les phrases utilisées pour exprimer une vision du monde ne doivent pas nécessairement être vraies, ni donc correspondre aux faits :

Les propositions qui décrivent cette image du monde pourraient appartenir à une sorte de mythologie.[94]

Avec l'introduction propagandiste de mots tels que « tribal », « peuple », « santé publique », « racialement pur », « aryen », « espace vital » et du groupe de mots associés « non allemand », « ennemi public », « nuisible », « parasite » et « vermine », le sentiment de justice dans l'usage du langage fut manipulé à tel point qu'en fin de compte, même l'euthanasie des personnes handicapées et l'établissement de camps de concentration purent être mis en œuvre sans résistance majeure.

Il est plutôt improbable et reste une spéculation qu'Hitler ait été en contact étroit avec Wittgenstein.[95] Quoi qu'il en soit, Hitler partageait l'idée de Wittgenstein selon laquelle notre sentiment de justice, nos lois et tout ce qu'une société considère comme moralement juste ou faux, bon ou mauvais est essentiellement ce sur quoi une majorité dans le jeu de langage actuel et le mode de vie actuel s'accorde :

> « Dis-tu donc que l'accord entre les hommes décide du vrai et du faux ? » – C'est ce que les hommes disent qui est vrai et faux ; et c'est dans le langage que les hommes s'accordent.[96]

L'accord sur la forme de vie qui apparaît dans le jeu de langage est finalement ce qui est considéré comme vrai ou faux. Ce sur quoi les gens s'accordent dans le jeu de langage d'une époque entière ou d'un moment précis donne le ton à ce qu'ils considèrent comme moralement juste ou faux et sur quoi ils alignent leurs actions.

Mais qu'est-ce qui vient en premier : l'accord dans le jeu de langage ou l'accord dans la forme de vie ? Y a-t-il d'abord eu le mode de vie conforme au national-socialisme e et plus tard le jeu de langage associé, ou y a-t-il d'abord eu le jeu de langage national-socialiste et plus tard le mode de vie correspondant ? Wittgenstein décrit le lien entre le langage et la réalité comme une interaction. Mais il donne la priorité à

[...] ce que l'on *fait* qui se trouve au fondement du jeu de langage.[97]

Hitler, au contraire, donne au langage une fonction instigatrice. Dans son livre Mein Kampf il définit l'usage propagandiste du langage : « Plus son lest scientifique est modeste [...], et plus il prend exclusivement en compte les sentiments des masses, plus le succès est retentissant [...]. La propagande [doit] se limiter à quelques points et les utiliser comme mots à la mode assez longtemps pour que la dernière personne [...] soit capable d'imaginer ce que l'on veut. [...] La variété ne doit jamais [...] changer le contenu [...]. Chaque réclame [...] est la clef du succès dans la durée et dans la standardisation uniforme de son application. »[98]

Ce qui est inquiétant, ce n'est pas seulement qu'Hitler ait eu du succès avec ces propositions, mais que ses idées se retrouvent aujourd'hui dans presque tous les manuels – sous la forme des cinq règles de base d'une publicité efficace :

1. La pénétrance a priorité sur la variance.
2. Les plus courtes sont les meilleures
3. Il faut faire une promesse
4. L'abstrait doit devenir sensoriel et
5. La publicité logicielle est plus importante que la publicité matérielle.

Influencer et changer le mode de vie par l'utilisation ciblée du langage est désormais une pratique courante. Aujourd'hui, toute une armée d'experts en marketing, de directeurs de campagne et de conseillers politiques y travaillent. Avec l'utilisation répétée à des fins de propagande des phrases « *Yes we can* » ou « *America first* », les candidats à la présidentielle américaine Obama et Trump, par exemple, ont misé sur des phrases émotionnelles, courtes, et faciles à retenir, qui contiennent chacune un programme prometteur ou, comme on dit aujourd'hui, une « promesse de logiciel ». Étant donné que les deux phrases ont été implantées avec succès dans le jeu de langage, on peut supposer qu'à l'avenir, il n'y aura plus de campagnes électorales sans messages aussi courts et accrocheurs.

La langue est importante. La langue est puissante. Selon Wittgenstein, qu'elle précède la réalité en tant que promesse ou qu'elle en soit l'expression a posteriori a aussi peu d'importance que de savoir qui de l'œuf ou de la poule est apparu en premier. Dans tous les cas, tout ce qui est nouveau se reflète immédiatement dans le langage :

Ce qui est nouveau (spontané, „spécifique") est toujours un jeu de langage.[99]

Le lien entre langage et forme de vie reconnu par Wittgenstein a finalement deux faces. D'une part, on peut mettre l'accent sur le caractère émancipateur du langage, dans la mesure où de nouveaux jeux de langage comme ceux des Lumières françaises conduisent à de nouveaux et meilleurs modes de vie, mais d'autre part, on peut aussi considérer l'effet restrictif et manipulateur des jeux de langage. Wittgenstein n'était pas un penseur politique. Il se considérait comme un scientifique et un analyste. Il aurait rejeté la question de savoir si les jeux de langage ont un effet émancipateur ou dictatorial sur le mode de vie, la considérant comme l'attribution spéculative inadmissible d'une fonction positive ou négative. Or, le langage n'a pas de fonction de base uniforme :

Il faut garder en mémoire les différences entre les jeux de langage.[100]

Selon Wittgenstein, il faut toujours regarder le jeu de langage concret afin de comprendre quelle signification il a pour le locuteur concerné et pour la société dans son ensemble. Pourtant, c'est justement cette analyse concrète et précise des jeux de langage, de l'usage ou du non-usage d'annonces courageuses, de menaces intimidantes, de phrases modestes ou d'harmonie voulue vis-à-vis des employés, collègues ou supérieurs qui a entre-temps donné naissance à un tout nouveau métier : les coachs en rhétorique.

L'héritage de Wittgenstein : comment les coachs en rhétorique modifient la réalité par le langage et la grammaire

La rhétorique comme art d'améliorer l'argumentation existe depuis l'Antiquité, mais le secteur du coaching d'aujourd'hui en fait plus. S'appuyant sur la découverte de Wittgenstein selon laquelle la forme de vie et le jeu du langage sont inextricablement liés, les rhétoriciens visent à changer la première en améliorant le second. Ce faisant, ils suivent une idée simple de Wittgenstein :

On ne peut pas deviner comment un mot fonctionne. Pour l'apprendre, il faut *examiner* son application.[101]

En fait, les professeurs de rhétorique examinent de près le fonctionnement d'un mot et en tirent des leçons. Par exemple, le mot « peut-être » fonctionne dans l'usage quotidien comme l'annonce que quelque chose peut ou peut ne pas se produire, de sorte qu'il n'y a aucune certitude que la chose se produise réellement. « Peut-être » signifie incertitude, impondérabilité et simple supposition. Les professeurs de rhétorique recommandent donc de ne pas utiliser le mot « peut-être » dans les jeux de langage professionnels lors de réunions importantes en rapport avec des suggestions et des arguments propres, car cela donne automatiquement l'impression d'une grande incertitude.

Pour la même raison, il faut éviter certaines formes grammaticales comme le subjonctif ou la proposition interrogative afin de ne pas se donner un statut inférieur. Les linguistes ont découvert que les femmes en particulier ont tendance à s'exprimer en formules équilibrantes et génératrices d'harmonie en usant trop de ces éléments, et risquent ainsi de ne pas être prises au sérieux. Une phrase rhétoriquement maladroite serait, par exemple : « Je voudrais ajouter à ce sujet que ce ne serait peut-être pas un inconvénient si nous pensions dans une direction légèrement différente. Ne devrions-nous pas également considérer, ou du moins envisager la possibilité de reconditionner le produit pour le rendre plus attrayant aux yeux des clients ? »

Face à cela, selon l'état des recherches, un homme amènerait les mêmes faits dans le jeu de langage, mais en respectant les règles du jeu de langage masculin, donc de manière beaucoup plus directe et parfois plus agressive : « Je vous le dis clairement, on met le truc dans un nouvel emballage et après, on le vendra bien ! ». Dans ce cas, le professeur de rhétorique propose à la femme de jouer un peu plus le jeu du langage des hommes : s'adresser directement aux participants, faire des phrases courtes au lieu de phrases longues, aller à l'essentiel, sans propositions subordonnées, sans fioritures, sans « peut-être », sans subjonctif, sans forme interrogative, sans compromis. La contribution de la femme sera alors tout autrement perçue.

Bien sûr, cela n'a aucun sens de recommander aux femmes le jeu de langage des hommes dans les conseils d'administration ou les postes de décision, car il se caractérise également par de nombreuses conventions négatives. Il y a aussi, dans le jeu de langage habituel des hommes, des mots improductifs et des formes grammaticalement inutilisables. Par exemple, le mot « devoir », dont les hommes aiment user et qu'ils utilisent souvent, restreint d'emblée les espaces, crée une mauvaise ambiance, témoigne de manque de liberté et de servitude et bloque les autres participants dans leur créativité.

Les interventions de coaching concernant les jeux de langage masculins et féminins, qui ne sont indiquées ici que de manière fragmentaire, visent simplement à donner un aperçu exemplaire de la manière dont

À quoi nous sert la découverte de Wittgenstein aujourd'hui ?

la découverte wittgensteinienne du lien entre langage et réalité est utilisée aujourd'hui par un nombre croissant de formateurs professionnels en rhétorique et de coachs en charisme. Cette nouvelle mode est sans équivoque. Tous les politiciens de haut niveau ont désormais des assistants professionnels qui leur expliquent le sens et l'efficacité des jeux de langage et leur permettent d'y prendre part avec succès.

Qu'il s'agisse d'un politicien cherchant à recueillir des voix en faveur d'une nouvelle couverture maladie avec « *Yes we can* », d'un directeur général plaidant pour l'introduction d'horaires de travail flexibles avec « plus de liberté pour tous ! » ou d'un mari essayant de convaincre sa femme d'acheter une énorme télévision à grand écran en la vantant comme n'étant « nullement dominante », mais au contraire « contemporaine et majestueuse », chacun essaiera, dans l'esprit de Wittgenstein, d'introduire l'objet de son intérêt dans le jeu de langage par un argument convaincant avec des phrases et des mots, puisque :

La grammaire dit d'une chose quelle sorte d'objet elle est.[102]

101

Reconnaître le monde comme un jeu de langage et le critiquer : l'épine profonde de Ludwig Wittgenstein

Toute philosophie est « critique du langage ».[103]

Wittgenstein nous demande de pratiquer la critique du langage. Il entend par là l'analyse critique des mots et des phrases selon l'utilisation qui en est faite dans le contexte de la forme de vie donnée. Le philosophe français postmoderne Derrida reprit et développa l'approche critique du langage de Wittgenstein. Selon Derrida, Wittgenstein constata à juste titre que les mots et les phrases n'acquièrent leur sens que dans les jeux de langage et sont inextricablement liés à une forme de vie particulière. Par conséquent, toutes les langues, par exemple le français, le chinois ou l'arabe, sont étroitement liées à différentes formes de vie, cultures, religions et traditions. Wittgenstein reconnut la langue en question comme un ensemble vivant, comme un jeu de langage qui cultive de nombreux termes anciens tout en incluant de nouveaux mots, ce que l'on peut comparer à la croissance d'une ville :

> On peut considérer notre langage comme une ville ancienne, comme un labyrinthe fait de ruelles et de petites places, de maisons anciennes et de maisons neuves, et d'autres que l'on a agrandies à différentes époques, le tout environné d'une multitude de nouveaux faubourgs [...][104]

Cependant, selon Derrida, il y a désormais dans notre société postmoderne non seulement une ville développée — par exemple la langue allemande, passée du vieux germanique et du moyen haut allemand à l'usage moderne et au mode de vie associé, mais aussi une juxtaposition confuse de cultures et de jeux de langage des plus divers.

Alors que dans le passé nous ne découvrions les autres que grâce à des voyageurs audacieux comme Marco

Polo, de nos jours, les jeux de langage se heurtent directement les uns aux autres. Cela déclenche de la méfiance et de la peur. Derrida compare la peur moderne, lorsque des jeux de langage étrangers se rencontrent, à l'image biblique de la « Tour de Babel » et de la « confusion babylonienne des langues ». Selon les versets de l'Ancien Testament, les gens voulaient construire une tour montant jusqu'au ciel. Cependant, le projet échoua fatalement en raison de la confusion des langues régnant parmi les nombreux groupes impliqués dans la construction. Selon Derrida, toutefois, cette image archétypale de la peur doit enfin être dépassée.

Dans le postmodernisme, la convergence des jeux de langage à consonance étrangère ne doit plus être perçue comme effrayante ni même comme un « choc des civilisations », mais comme une grande opportunité. Au lieu de tomber dans la méfiance, Derrida appelle à l'ouverture de tous les jeux de langage et à une tentative d'ouverture d'un jeu de langage interculturel. Cela ne signifie pas que tout le monde peut apprendre l'anglais et être capable de communiquer au-delà des frontières de ses langues et religions traditionnelles, mais que de nouvelles phrases, significations et de nouveaux mots sont créés qui satisfont à tous les acteurs et à toutes les formes de vie. En fait, un nouveau jeu de langage élargi devrait émerger, ce qui, selon Wittgenstein, n'est pas impossible en principe :

[...] de nouveaux jeux de langage pourrions-nous dire, voient le jour, tandis que d'autres vieillissent et tombent dans l'oubli. [105]

Selon Derrida, cependant, pour oublier et surmonter son propre jeu de langage régional, il faut fluidifier les concepts qui s'opposent à une ouverture. Par exemple, la combinaison de mots « peuple élu », bien qu'ancrée dans le jeu de la langue hébraïque depuis 2 000 ans, devrait être réinterprétée et étendue à tous les peuples. Parce que dans le jeu de langage élargi des cultures, selon Derrida, les joueurs d'autres cercles culturels pourraient sinon avoir le sentiment qu'ils ne sont « pas élus » et qu'ils ne sont donc pas un partenaire égal dans la conversation.

De nombreux termes anciens avaient un sens historique et mythologique à une certaine époque de l'Antiquité, mais représentent aujourd'hui un obstacle inutile. Français de confession juive, Derrida lui-même grandit dans deux cultures et donc dans deux jeux de langage. Il eut ainsi un regard sensible pour la grammaire excluante et la grammaire reliante. Pour lui, les termes hiérarchiques devraient définitivement être abandonnés.

Avec sa vision visant à libérer les jeux de langage postmodernes des anciens dogmes et à les ouvrir au discours mondial, Derrida ne fit que développer davantage les idées fondamentales de Wittgenstein. Si ce dernier refusait toujours l'intervention ciblée dans les jeux de langage existants, il avait déjà reconnu l'interaction entre les jeux de langage et les formes de vie :

[...] certains jeux de langage perdent de leur importance, alors que d'autres gagnent de l'importance. Et c'est ainsi que se transforme, graduellement, l'usage du vocabulaire du langage.[106]

Le « jeu de langage mondial » prescrit par Derrida, auquel toutes les cultures, religions et formes de vie peuvent participer, est-il réalisable dans le futur ? Sommes-nous déjà sur ce chemin ?

Wittgenstein ne serait certainement pas allé aussi loin. Avec la rigueur qui lui était propre, il aurait rejeté la question d'un éventuel jeu de langage mondial comme constituant une spéculation inadmissible. Avec son analyse, il ne voulait avant tout que mieux comprendre l'usage des mots, leur sens et donc notre perception du monde. Mais c'est précisément sa lutte désespérée et sa course contre les frontières du langage qui firent de lui un pionnier de notre temps. Qu'il le veuille ou non, sa critique du langage changea la perception que l'homme moderne a de lui-même.

Depuis Wittgenstein, personne nulle part dans le monde ne peut prononcer une phrase et rester complètement « innocent ». La phrase pure n'existe plus. Wittgenstein planta une épine profonde dans l'utilisation naïve du langage. Depuis les *Recherches philosophiques*, nous savons que le sens de chaque phrase, qu'elle soit vraie ou fausse, est inséparablement lié à toute l'ornementation, aux caractéristiques religieuses, symboliques et matérielles de la forme de vie à laquelle appartient le locuteur lui-même. Un mot n'est jamais seulement un mot et une phrase n'est jamais seulement une phrase.

Toute personne qui intériorise ce principe développe une attention flottante aux jeux de langage dans son environnement - dans la famille, dans son cercle d'amis et dans la société. Elle entend d'une façon plus critique que jamais les formulations des journaux télévisés quotidiens et trouve peut-être même un peu plus difficile de faire aveuglément confiance à ses propres mots ou d'en exiger une validité inconditionnelle, car elle sait qu'ils ne doivent leur sens qu'au jeu de langage spatialement et temporellement limité de sa propre forme de vie.

Mais elle sait aussi que l'expansion et l'ouverture du jeu de langage à d'autres interprétations est toujours possible. Même si les jeux de langage entre personnes, peuples et civilisations suivent des règles grammaticales, des conventions et des accords rigides, quelque chose de nouveau peut arriver à tout moment :

Quand les jeux de langage changent, les concepts changent, et avec les concepts, les sens des mots.[107]

À quoi nous sert la découverte de Wittgenstein aujourd'hui ?

Des termes tels que « peau-rouge », « serf », « sous-homme », « inimitié franco-allemande héréditaire », « hérétique », « sorcière », « païen » ou « infidèle » perdront de plus en plus leur sens et finiront par disparaître du jeu de langage. Ils seront peut-être remplacés par des termes comme „dignité humaine", „planète bleue" et des mots que nous ne connaissons même pas encore. De plus grands jeux de langage et formes de vie sont en train d'émerger et gagnent de l'espace. Wittgenstein nous montra de manière impressionnante que le jeu de langage, malgré de nombreuses règles et conventions traditionnelles, est finalement tout sauf un échange répétitif d'informations :

Tu ne dois pas oublier que le jeu de langage est, pour ainsi dire, quelque chose d'imprévisible. [...] Il est là – comme notre vie.[108]

Index des citations

1. Wittgenstein, Ludwig, trad. Gilles-Gaston Granger, Édition Gallimard, collection Tel, 2001, p. 31. Ci-après : Tractatus.
2. Tractatus, n° 5.6, p. 93
3. Wittgenstein, Ludwig, trad. Jacques Fauve, Éditions Gallimard, collection Folioplus philosophie, 2008, p.19. Ci-après : Conférence sur l'éthique
4. Wittgenstein, Ludwig, Recherches philosophiques, trad. Françoise Dastur, Maurice Élie, Jean-Luc Gautero, Dominique Janicaud, Élisabeth Rigal. Avant-propos et apparat critique d'Élisabeth Rigal. Édition Gallimard, collection Tel, 2014, n° 329, p. 158. Ci-après : Recherches philosophiques
5. Tractatus, n° 4.0031, p. 51
6. Tractatus, n° 4.003, p. 51
7. Recherches philosophiques, p. 311
8. Recherches philosophiques, n° 23, p. 39
9. Hermine Wittgenstein, Familienerinnerungen, citée d'après : Nicole L. Immler, das Familiengedächtnis der Wittgensteins, Zu verführerischen Lesarten von (auto)biografischen Texten, Transcript Verlag, Bielefeld 2011, p. 32. Citation traduite par la traductrice.
10. Tractatus, n° 7, p. 112
11. Tractatus, n° 6.53, p. 112
12. Tractatus, n° 6.42, p. 110
13. Tractatus, Introduction, p. 32
14. Recherches philosophiques, n° 656, p. 235
15. Wittgenstein, Ludwig, Remarques mêlées. Édité par G.H. von Wright en collaboration avec Heikki Nyman. Traduction de l'allemand par Gérard Granel. Présentation et notes par Jean-Pierre Cometti. Éditions GF Flammarion, 1990 pour la traduction française, 2002 pour l'introduction, les notes et la chronologie. P. 104. Ci-après : Remarques mêlées
16. Tractatus, n° 1, p. 33
17. Tractatus, n° 1.1, p. 33

18 Tractatus, n° 2.1, p. 38
19 Tractatus, n° 2.12, p. 38
20 Wittgenstein, Ludwig, Carnets 1914 – 1916, Traduction, introduction et notes de G.G. Granger, éditions Gallimard, collection TEL, 1971, p. 32. Ci-après : Carnets
21 Tractatus, n° 2.21 et 2.225, p. 40
22 Tractatus, n° 2 223, p. 33
23 Carnets, p. 32
24 Tractatus, n° 4.016, p. 52
25 Tractatus, n° 4.01, p. 51
26 Tractatus, n° 4.5, p. 70
27 Tractatus, n° 4.03, p. 54
28 Tractatus, n° 4.031, p. 54
29 Tractatus, n° 6.3751, p. 109
30 Tractatus, n° 4.463, p. 69
31 Tractatus, n° 5.4733, p. 83
32 Tractatus, n° 4.116, p. 58
33 Tractatus, n° 7, p. 112
34 Tractatus, n° 6.53, p. 112
35 Tractatus, n° 4.003, p. 51
36 Wittgenstein, Ludwig, Ludwig Wittgenstein und der Wiener Kreis, hrsg. von Brian McGuinness, Gespräche, aufgezeichnet von Friedrich Waismann, in: Werksausgabe in 8 Bänden, Band 3, Ludwig Wittgenstein und der Wiener Kreis, Suhrkamp Verlag, Frankfurt a.M. 1989, p. 69. Ci-après : Entretiens. Traduit par la traductrice.
37 Tractatus, n° 6.42 et 6.421, p. 110
38 Tractatus, n° 6.4312, p. 111
39 Tractatus, n° 6.4312, p. 111
40 Tractatus, n° 6.432, p. 111
41 Conférence sur l'éthique, p. 19
42 Entretiens, p.68 et suivantes, traduit par la traductrice
43 Tractatus, Introduction, p. 32
44 Popper, Karl, Ausgangspunkte, Meine intellektuelle Entwicklung, traduction de Friedrich Griese, Piper Verlag, Munich 2004, p. 176. Ci-après : Ausgangspunkte, traduit par la traductrice
45 Wittgenstein, Ludwig, cité d'après Popper, Ausgangspunkte, p.177 (citation reprise dans sa traduction dans : Hervé Dumez. Quand Wittgenstein rencontre Popper – Ou comment tisonner le débat

intellectuel. Le Libellio d'AEGIS, Libellio d'AEGIS, 2007, 3 (3), pp.1-9. ffhal-00281124. Ci-après : Hervé Dumez
46 Popper, Karl, Ausgangspunkte, p.177 (reprise dans sa traduction dans : Hervé Dumez)
47 Tractatus, n° 6.52, p. 112
48 Conférence sur l'éthique, p. 20
49 Tractatus, n° 6.44, p. 111
50 Tractatus, n° 6.522, p. 112
51 Wittgenstein, Ludwig, Brief von Wittgenstein an Russel, Weihnachten 1913, in: Briefwechsel mit B. Russel, G. E. Moore, J. M. Keynes, F. P. Ramsey, W. Eccles, P. Engelmann und L. von Ficker, hrsg. von Brian McGuinness & Georg Henrik von Wright, Suhrkamp Verlag, Frankfurt a. M. 1980, p. 47. Ci-après : Lettres, traduit par la traductrice
52 Cf. Metzger, Christoph, Wittgensteins beredtes Schweigen, Masterarbeit im Fachgebiet Philosophie (Le silence bavard de Wittgenstein, mémoire de maîtrise en philosophie), Ludwig-Maximilians-Universität, München 2017, traduit par la traductrice
53 Tractatus, n° 6.54, p. 112
54 ibidem
55 Recherches philosophiques, préface, p. 22
56 Recherches philosophiques, n° 23, p. 39
57 Recherches philosophiques, n° 43, p. 50
58 Recherches philosophiques, n° 66, p. 64
59 Recherches philosophiques, n° 66 et n° 67, p. 64
60 Wittgenstein, Ludwig, Le Cahier bleu et le Cahier brun. Préface de Claude Imbert, traduit de l'anglais par Marc Goldberg et Jérôme Sackur. Ouvrage traduit avec le concours du Centre national du livre, éditions Gallimard, collection TEL, 1996, p. 56. Ci-après : Le Cahier bleu
61 Wittgenstein, Ludwig, Le Cahier bleu et le Cahier brun. Préface de Claude Imbert, traduit de l'anglais par marc Goldberg et Jérôme Sackur. Ouvrage traduit avec le concours du Centre national du livre, éditions Gallimard, collection TEL, 1996, p. 137. Ci-après : Le Cahier brun
62 Le Cahier brun, p. 140
63 ibidem, p. 143
64 Recherches philosophiques, n° 7, p. 31
65 Recherches philosophiques, n° 19, p. 35
66 Recherches philosophiques, n° 65, p. 63
67 Recherches philosophiques, n° 486, p. 197

68 Recherches philosophiques, n° 23, p. 39
69 Wittgenstein, Ludwig, de la Certitude, traduit de l'allemand et présenté par Danièle Moyal-Sharrock, éditions Gallimard, collection nrf, bibliothèque de philosophie, n° 519, p. 146. Ci-après : de la Certitude
70 Recherches philosophiques, n° 57, p. 59
71 Recherches philosophiques, n° 18, p. 35
72 Recherches philosophiques, n° 25, p. 40
73 De la Certitude, n° 144, p. 54
74 De la Certitude, n° 65, p. 32
75 Wittgenstein, Ludwig, Bemerkungen über die Philosophie der Psychologie, in: Werke in 8 Bänden, Band 7, Bemerkungen über die Philosophie der Psychologie, Letzte Schriften über die Philosophie der Psychologie, Suhrkamp Verlag, Frankfurt a. M. 1989, Nr. 913, Anmerkung 1, p. 468, traduit par la traductrice
76 Recherches philosophiques, n° 202, p. 127
77 Recherches philosophiques, n° 656, p. 235
78 Remarques mêlées, p. 84
79 Remarques mêlées, p. 97
80 Wittgenstein, Ludwig, Brief von Wittgenstein an Russel vom 23.10.1921 (Lettre de Wittgenstein à Russel du 23 octobre 1921), in: Briefe (Lettres), p. 122. Traduit par la traductrice
81 Ray Monk, Wittgenstein : le devoir de génie, Odile Jacob, 1993, trouvée dans https://fr.wikipedia.org/wiki/Ludwig_Wittgenstein#Monk1993
82 Remarques mêlées, p. 104
83 Recherches philosophiques, p. 314
84 Recherches philosophiques, n° 325, p. 158
85 De la Certitude, n° 65, p. 132
86 De la Certitude, n° 63, p. 32
87 Recherches philosophiques, n° 654, p. 235
88 Recherches philosophiques, n° 124, p. 87
89 Marcuse, Herbert, Der eindimensionale Mensch, Studien zur Ideologie der fortgeschrittenen Industriegesellschaft, Zu Klampen Verlag, Springe am Deister 2014, p. 187, traduit par la traductrice
90 Recherches philosophiques, n° 116, p. 85
91 Recherches philosophiques, n° 38, p. 49
92 Recherches philosophiques, n° 119, p. 86
93 De la Certitude, n° 519, p. 146
94 De la Certitude, n° 95, p. 41

95 Kimberley Cornish prétend dans son livre de 2002 « Wittgenstein contre Hitler le juif de Linz » que les deux écoliers Wittgenstein et Hitler, de 6 jours son aîné, auraient eu une relation personnelle et riche en conséquences, sans finalement en apporter quelque preuve scientifiquement fondée que ce soit.
96 Recherches philosophiques, n° 241, p. 135
97 De la Certitude, n° 204, p. 67
98 Adolf Hitler, Mein Kampf. Der Fahrplan eines Welteroberers. Geschichte, Auszüge, Kommentare von Werder Maser, Bechtle Verlag, Esslingen 1974, p. 304 f. Traduit par la traductrice
99 Recherches philosophiques, p. 314
100 Recherches philosophiques, n° 290, p. 149
101 Recherches philosophiques, n° 340, p. 161
102 Recherches philosophiques, n° 373, p. 171
103 Tractatus, n° 4.0031, P. 51
104 Recherches philosophiques, n° 18, p. 35
105 Recherches philosophiques, n° 23, p. 39
106 De la Certitude, n° 63, p. 32
107 De la Certitude, n° 65, p. 32
108 De la Certitude, n° 559, p. 157

Walther Ziegler
Adorno en 60 minutes

Walther Ziegler
Arendt en 60 minutes

Walther Ziegler
Buddha en 60 minutes

Walther Ziegler
Camus en 60 minutes

Walther Ziegler
Confucius en 60 minutes

Walther Ziegler
Descartes en 60 minutes

Walther Ziegler
Epicure en 60 minutes

Walther Ziegler
Foucault en 60 minutes

Walther Ziegler
Freud en 60 minutes

Walther Ziegler
Habermas en 60 minutes

Walther Ziegler
Hegel en 60 minutes

Walther Ziegler
Heidegger en 60 minutes

Walther Ziegler
Hobbes en 60 minutes

Walther Ziegler
Kafka en 60 minutes

Walther Ziegler
Kant en 60 minutes

Walther Ziegler
Marx en 60 minutes

Walther Ziegler
Nietzsche en 60 minutes

Walther Ziegler
Platon en 60 minutes

Walther Ziegler
Popper en 60 minutes

Walther Ziegler
Rawls en 60 minutes

Walther Ziegler
Rousseau en 60 minutes

Walther Ziegler
Sartre en 60 minutes

Walther Ziegler
Schopenhauer en 60 minutes

Walther Ziegler
Smith en 60 minutes

Walther Ziegler
Wittgenstein en 60 minutes

AUTEUR:

Walther Ziegler est professeur d'université et docteur en philosophie. En tant que correspondant à l'étranger, reporter et directeur de l'information de la chaîne de télévision allemande ProSieben, il a produit des films sur tous les continents. Ses reportages ont été récompensés par plusieurs prix. En 2007, il a pris la direction de la « Medienakademie » à Munich, une Université des Sciences Appliquées et y forme depuis des cinéastes et des journalistes. Il est l'auteur de nombreux ouvrages philosophiques, qui ont été publiés en plusieurs langues dans le monde entier. En sa qualité de journaliste de longue date, il parvient à résumer la pensée complexe des grands philosophes de manière passionnante et accessible à tous.